Diplôme d'études en langue française

国際標準規格「CEFR（セファール）」準拠資格試験

DELF

傾向と対策

A1

小幡谷 友二

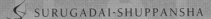
SURUGADAI-SHUPPANSHA

○ 音声について （収録時間：約 98 分） ○

本書内、音声マーク が付いている箇所は音声が収録されています．

　模擬試験，聴解問題の音声は，実際の試験同様インターバルも挿入しています．連続して再生することで，実際の試験の流れとほぼ同様に練習することが可能です．

　下記 URL を入力するか，QR コードより「音声無料ダウンロード＆ストリーミング専用サイト」をご利用ください．弊社 HP から『DELF 傾向と対策　A1』を検索し，「音声無料ダウンロード＆ストリーミング専用サイトはこちら」からも同ページにアクセスできます．

https://stream.e-surugadai.com/books/isbn978-4-411-00564-9/

有料で，別途 CD にしたものもご用意しています．
お近くの書店でご注文ください．
DELF 傾向と対策　A1（別売 CD：2 枚組）
定価（1600 円＋税）
978-4-411-10564-6

※音声無料ダウンロード・ストリーミングサービスは予告なく中止する場合があります．ご了承ください．

はじめに

　本書は，フランス語の能力試験 DELF (Diplôme d'études en langue française) の模擬試験（A1 レベル）とその解説です．DELF はフランス国民教育省が認定した唯一の公式フランス語資格で，DALF (Diplôme approfondi de langue française) と一緒に DELF/DALF（デルフ・ダルフ）と呼ばれることが多いです．DELF は A1, A2, B1, B2，DALF は C1, C2 と合計 6 段階で，A1 が最も易しいレベルです．日本では，日本フランス語試験管理センターによって実施されています．

　日本におけるフランス語の試験といえば，フランス語検定試験（仏検）が有名ですが，TOEIC と英検の出題形式・内容が異なるように，DELF と仏検の設問の仕方，試験の内容も異なります．この本を手に取り，DELF 対策をしようと思われた方は，おそらくすでに仏検も受験したことがあるのではないでしょうか．

　筆者は大学院生時代に，DELF・DALF の全てのレベルと仏検 1 級を取得しました．また，仏検対策の書籍を何冊か執筆してきました．このような経験から，本書では，仏検と比較しながら DELF 対策法を考えるという方針を採っています．例えば，DELF では「前置詞と冠詞の縮約」，「動詞の活用だけを書かせる」，「慣用句の穴埋め」といったタイプの問題は出題されません．仏検との違いを分析することにより，どの出題形式を重点的に練習すれば良いかが分かりますし，仏検の出題形式を例に出すことによって，初めて DELF を受験する人にも出題形式が想像しやすくなると思います．「基本的な違い」については後述します．

　DELF 受験の最も大きなメリットは，やはりフランス語圏での認知度が高いことでしょう．仏検の出願者数ですが，近年は年間約 3 万人です．一方，DELF/DALF の出願者数は世界で 50 万人近くにな

ります（2018 年）．また，DALF の C1 レベルを取得していれば，フランスの大学など高等教育機関へ留学する際にフランス語の試験が免除されます．

　もちろん，日本では，仏検の方が圧倒的に受験者が多いのは事実です．ただ，大学受験という文脈でセファール (CEFR) が新聞紙上で語られる時代です．セファールに対応した DELF/DALF の受験者もこれから増えてくるのではないでしょうか．

　ところで，現在 DELF/DALF はテスト形式の刷新中で，現行形式と新形式が併存している状況にあるようです．つまり，受験国・受験センターによっては新形式が使われる可能性がある一方で，全面的な新形式への移行はコロナ禍でやや遅れている模様です（p.35 参照）．そのため本書では，どちらにも対応できるように，模擬試験 [1]，[2] を新形式，[3]-[5] を現行形式（旧形式）で作成してあります．

　この本が，これからもフランス語学習を楽しんで続けられる一助になれば幸いです．

小幡谷　友二

【受験後記】
　前述のように，DELF/DALF は 2005 年に現在の形式になりました．筆者は，それ以前に DELF/DALF の全てのレベルを取得していましたが，本書のために新形式で A2 を受験してみました．受験会場はスイスのイタリア語圏，ティッチーノ州にあるベリンツォーナという町で，問題形式は新形式ではなく，旧形式でした．結果は，聴解 24 点，読解 23,5 点，作文 24 点，口述 25 点で，合計 96,5 点（100 点中）でした．

目　次

■ 本書の特徴 ■

○ 大問ごとの傾向を分析
DELF A1 のそれぞれ 4 つのパートごとに，出題の傾向を分析しました．

○ 5 回分の模擬試験
実際の出題に近い形式で，DELF A1 の 5 回分の模擬試験と，解答・解説を掲載．

○ 難易度マーク：「やや難」
模擬試験には，あえて実際の問題よりも難しい問題も含めてあります．その場合は，**やや難** のマークが付けてあります．

○ 各パート（聴解，読解，作文，面接）ごとに必要な文法事項リスト
DELF/DALF では，仏検と違い，文法事項そのものを問う形式の問題はほぼ無いと言っていいでしょう．しかし，読者の皆さんは大学や市販のフランス語学習教材で，文法事項から学習するのに慣れていると思います．そこで，大まかにどのような文法事項が必要なのかを示すリストと，基本的な文法事項（巻末）を付してあります．

試験日程

日本フランス語試験管理センターは，DELF・DALF を年に 2 回，基本的に春（6 月）と秋（11 月）に実施しています．詳しくは日本フランス語試験管理センターの試験日程のページ（http://www.delfdalf.jp/calendrier_jp.php）をご覧ください．

● 日本の試験実施会場
アンスティテュ・フランセ［東京・横浜・関西（京都・大阪）・九州（福岡・沖縄）］，
アリアンス・フランセーズ［札幌・仙台・愛知・徳島］

● 問い合わせ先
日本フランス語試験管理センターの出願のページ（http://www.delfdalf.jp/modalites_jp.php）をご覧ください．

○ DELF・DALF の仏検との違い

DELF と仏検は出題傾向がかなり違います．とはいえ，同じフランス語の試験ですから，仏検対策に注いだ努力は必ず役に立ちます．

仏検		DELF		
級	学習時間数目安	およその対応レベル CEFR (セファール)	学習時間数目安 (日本仏語試験管理センター)	日仏学院の能力達成度の記述
準2級	300 時間	A2	150-200 時間	自分に直接かかわりのある分野（自分や家族の情報，買い物，身近な環境，仕事など）でよく使われる文や表現を理解できる．身近で日常的な話題に関して，相手と直接情報交換しながら，単純で日常的なやりとりができる．自分の学歴，身の回りの状況，さしあたって必要な事柄を簡単な言葉で説明できる．
3級	200 時間	A1	60-100 時間	最低限必要なことを行うための，よく使われる日常的表現やごく簡単な言い回しを理解し，用いることができる．自分や他人を紹介することができ，個人的な質問（住んでいる場所，知り合い，持ち物など）について質問をしたり，答えたりできる．相手がゆっくり，はっきり話してくれ，協力的であれば，簡単なやりとりができる．
4級		—		
5級		—		

まず，基本情報の違いから見て行きましょう．

DELF A1, A2 と仏検の対応関係はおおよそ上に掲げた図のようになっています．配点などの細かい情報は後述します．右側の欄には，東京の日仏学院による DELF A1, A2 の能力達成度の説明です．

(1) DELF A1 は仏検 3 級レベル

学習時間数の目安について，日本フランス語試験管理センターが掲げる数字の方が少ないのは，言語や文化の似たヨーロッパの学習者を念頭においた数字だからです．つまり，ヨーロッパ規準なので，ヨーロッパのその他の言語を話せる人にとっては，例えば動詞が活用することや，冠詞に男女・複数の別があることなどは，最初から説明する必要がないわけです．

これに対し，仏検は「日本人の学習進度に沿った能力評価段階」の採用を方針としているので，4 級・5 級といった「超」初級があったり*，学習時間の目安が多かったりするわけです．

＊Le DILF (diplôme initial de langue française) という DELF よりも易しいレベルの試験が，フランス国内限定で実施されています．

○ DELF A1（聴解）と仏検 3 級（聞き取り試験）の対応関係

	DELF・A1（現行形式） （新形式については p.036 参照）				**仏検 3 級**		
配点	25 点（/100 点） 各試験に必要な最低得点：25 点中 5 点				30 点（/100 点）		
試験時間	約 20 分				約 15 分		
大問数	4				3		
問	出題形式	読まれる文章の語数	読まれる回数	問	出題形式	読まれる文章の語数	読まれる回数
1	素材：[ラジオ] 天気予報, ニュース, 広告, [アナウンス] 空港, 駅, スーパー 全部で 2 回： **区切っては読まれない**　　❗ DELF はノーマルスピードだけで区切って読まれない 手元に会話文なし 4 問（2 問は選択問題（3 択）） **[1 単語／数字（2 桁〜 4 桁）／日付／時刻] の書き取り**　❗ DELF は, 書き取りの種類が多岐・臨機応変さが必要	約 30 〜 50 語	2	[1] 部分書き取り	素材：日常会話. 会話文の一部が空白になっていて, その部分を耳で聞いて書き取る 全部で 3 回： 2 回目はポーズを置いて読む 手元に会話文あり （空欄を埋めていく） 5 問（書き取り問題のみ） 1 単語／1 表現の書き取り	約 60 〜 70 語	3
2	素材：留守録のメッセージ 全部で 2 回： **区切っては読まれない** 手元に会話文なし　❗ DELF は, 視覚的なヒントとなる会話文がない 4 問（2 問は選択問題（3 択））	約 30 〜 50 語	2				
3	留守録メッセージ, 電話での会話のスクリプト 全部で 2 回： **区切っては読まれない** 手元に会話文なし 4 問（2 問は選択問題（3 択））	約 30 〜 50 語	2	[3] 会話文聞き取り	ある程度の長さの会話文を聞き取って, その内容に関する日本語の文の真偽を判定する. 会話文は日常的で平易な内容 全部で 3 回 ❗ 「似たような文」とあるように, ある一つの表現の類似表現を答えさせる 5 問（○×問題）		3
4	短い対話, イラスト, 写真 ❗ DELF は, 短文ではなく対話の状況をイラストと結び付ける形式 **対話とイラストを結びつける** 全部で 2 回： **区切っては読まれない**	20 〜 25 語の対話 × 5 100 〜 120 語（20 〜 25 語の対話× 5）	2	[2] 短文聞き取り	短文を聞き取り, その文が表している場面をイラストの中から選ぶ. **似たような文を聞き分ける必要がある** 5 問 （1 文章とイラストを結びつける） 全部で 3 回		3

(2) 2005 年から国際標準規格「CEFR（セファール）」に準拠した 6 等級（A1-C2）へ

　　p.8 の表にある CEFR（セファール）というのは，「ヨーロッパ共通参照枠組み」(Common European Framework of Reference for Languages, CEFR) という言語レベルを測る国際規準です．DELF/DALF 自体は 1985 年から実施されていますが，2005 年からセファールに準拠する形でモデルチェンジしました．セファールという言葉は聞き慣れないかもしれませんが，最近では，大学入学共通テストで導入された英語試験にまつわる議論でも使われていました．

　　元々ヨーロッパ発祥の国際規準ですが，例えば中国語の検定試験 HSK や韓国語の TOPIK なども，試験のセファールから影響を受ける形でモデルチェンジしています．

(3)「豊富な語彙力と高度な文法知識」の仏検 VS「コミュニカティブ・アプローチ重視」の DELF/DALF

　　それでは，セファールに準拠する検定試験の特色とはどこにあるのでしょうか．

　　ここで，受験者の立場から DELF/DALF と仏検の出題傾向の違いについて考えてみる必要があるでしょう．

　　例えば DELF/DALF には「穴埋め問題がない」「並べ替え問題がない」「動詞の活用問題がない」「ディクテ（書き取り）がない」と指摘できます．反対に DELF/DALF にしかないものは「（面接官との）ロールプレイング」といったところでしょうか．

　　確かに，DELF/DALF と仏検の比較を扱った論文には，DELF/DALF は「コミュニカティブ・アプローチ重視」の試験とされ，「一定のタスクを与え問題解決的な言語遂行能力を測定するシステム」と評されています．また，同じ論文中，仏検は「豊富な語彙力と高度な文法知識」が測定され，「総合的な読解力」が問われる試験とされています．

　　このように両試験のアプローチがかなり違うので，全てのパートについての単純な比較はできませんでしたが，聴解のパートだけは詳細に比較してみましたのでご覧ください（p.9）.

＊ CEFR 自体は 2018 年に，CEFR/CV（補遺版）という形で，大幅な見直しと拡充がなされています．

端的に言って，DELF/DALF は仏検に比べて，能動性が求められる問題が多い，と言えるのではないでしょうか．例えば，仏検のディクテ (Dictée) は，どちらかと言えば受動的ですね．（ディクテが受動的だから悪いと言いたいのではありません．フランスの学校教育の王道とも言える手法です．ディクテは「豊富な語彙力と高度な文法知識」が要求されます．）

　確かに，両方の試験を最後まで受験してみて，仏検 1 級のためには，実に多くの言葉を覚えなくてはならず，苦労した記憶があります．

□ 効果的な勉強法は？

　それでは，DELF A1 の効果的な勉強法はあるのでしょうか．おそらく本書を手に取ってくださった方は，日本在住で日本で受験希望される方だと思います．やはり，第 3 パート「作文」，第 4 パート「面接」に重点を置いて勉強するべきだと思います．第 1 の「聴解」パートは仏検の聴解・ディクテの勉強法でカバーできると思います．

　また，仏検同様，**(1) 過去問**や **(2) 模擬試験** (épreuve blanche) を数多くこなすことが合格への早道だと思います．(1) 過去問については，DELF/DALF 事務局のサイトから数回分ダウンロードできます．(2) 模擬試験については，フランス語でDidier 社，CLE International 社が出版している対策本の巻末に模擬試験がいくつか付されていますから，機会があればぜひ参照してみてください．

　本書では，オリジナルの模擬試験を 5 回分掲載しています．exercice（大問）の数は約 80 問あります．

　その他，DELF A1 対策に役に立ちそうな勉強法・耳寄りな情報などは，「コラム」という形で本書の様々なところに付しておきました．ご活用ください．

【参考文献】

　DELF と仏検との比較の部分では，主に，*Le DELF 100% réussite A1, Les Éditions Didier* と David Clément-Rodriguez, *ABC DELF A1,* CLE international を参考にさせていただきました．

　また，富盛伸夫『フランス語能力検定試験（DELF/DALF, TCF, DAPF）と日本におけるフランス語教育』，科学研究費補助金 基盤研究 B 研究プロジェクト報告書「EU および日本の高等教育における外国語教育政策と言語能力評価システムの総合的研究」，2012 年 からは，重要な引用をさせていただきました．心より感謝いたします．

【役に立つウェブサイト】

・日本フランス語試験管理センター　http://www.delfdalf.jp/

・仏検事務局のサイト　http://apefdapf.org/dapf/info/examens#6

・日仏文化協会のサイト　http://www.ccfj.com/study/niveau/

DELF/DALF と仏検の難易度比較

　DALF の最上級（C2）と仏検 1 級はどちらが難しいのでしょうか？ 私はまず仏検 1 級を取得した後でフランスの大学院留学時に DALF の最上級に合格しました．そのため，DALF の方がやや難しいという印象を持っています．

　前述したように，DELF/DALF は「コミュニカティブ・アプローチ重視」+「一定のタスクを与え問題解決的な言語遂行能力を測定する」試験，仏検は「豊富な語彙力と高度な文法知識」+「総合的な読解力」が問われる試験と言えます．どちらの試験が難しいかは，どの能力を重視するかによって違ってくるのでしょう．

DELF A1 試験概説——

模擬試験問題——

模擬試験問題 解答·解説——

DELF A1

	資料の種類
EXERCICE 1 [4 points]*	［ラジオ］天気予報，ニュース，広告など ［アナウンス］駅，空港，スーパー，デパートなど
EXERCICE 2 [5 points]	留守録の個人的なメッセージ（を聞き分ける）
EXERCICE 3 [6 points]	留守録の指示（を理解する）
EXERCICE 4 [10 points]	短い対話，イラスト，写真 ［対話とイラストを結びつける］

＊ Exercice の順序・配点は変わることがあります．

▶ 概　要

　聴解（リスニング）の試験には 4 つの Exercice があります（新形式では 5 つの Exercice です．p.36 参照）．

［設問のパターン］

　Exercice 1 〜 3 は主に次のような設問形式です．この設問の前にも 30 秒あります．
「問題文が 2 回読まれます．2 回のリスニングの間には 30 秒あり，リスニングの後にも回答を確認するために 30 秒ポーズが置かれます．まず，問題を読んでください．」
この後に問題が続きます．

　Exercice 2 と Exercice 3 では主に「留守録」に残されたメッセージが出題されます．Exercice 2 の方は友だちや家族からのメッセージ（tu で話す間柄）が出題されるケースが多いでしょう．

　Exercice 4 は，録音された対話を聞いて，それぞれの対話に対応する写真（イラスト）を選ぶ問題です．写真（イラスト）の数が一つ多いので，該当しないものが一つ出てきます．2 回のリスニングの間は 15 秒です．

　駅のアナウンスは頻出です．必ず数字の問題が出題されますから，フランス語の数字の復習をしっかりしておきましょう．

　ただ，数字の綴りを問う問題は出ていません．つまり，89 という数字を聞き取って，quatre-vingt-neuf と書かせる問題は出ません．アラビア数字の 89 と書ければいいのです．→練習問題（p.16）

注意点

手元の設問をよく読んで，どのタイプの設問なのか見極めてください．

［ポイント ①］

    a. ☒

    b. ☐

    c. ⊠ ←**最終的な解答**

ペン字で書いていて，いったんチェックを入れた（☒）後で，答えを変更したい場合，最終的な答えにもチェックを入れた上で丸で囲んでください．

［ポイント ②］

必ずしも文章を書く必要はありません．いくつかの単語だけで十分な場合が多いです．

［ポイント ③］

「Une réponse attendue」 あるいは「Donnez une réponse.」と記されている場合，複数の回答が可能でも 1 つの答えだけを記入しましょう．

×か／○か

日本の学校では，正解の場合は○，不正解は×と教えられています．しかし，フランスを含めた西欧の試験で正解を選ぶ場合，×（☒）あるいは✓印（☑）を記入します．

ボールペンか／鉛筆か

日本では大学入試も含めて鉛筆を使います．消しゴムで修正できる筆記用具ですね．一方，フランスでは消しゴムで消せない筆記用具を使います．万年筆やボールペンです．この筆記用具の違いにも慣れておく必要があります．

［ポイント ④］

複数の回答が求められる場合は例えば「Deux réponses」（2 つの回答）と記されています．

［ポイント ⑤］

問われる箇所の順序は基本的に録音文書の通りです．つまり，一番目の設問に対する答え（手がかり）は，録音の最初の方にあり，最後の設問は録音の最後の方にあるということです（下のイラスト参照）．

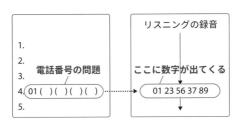

数字の聞き取りの練習

　DELF では数字の書き取りの問題が必ず出てきます．もちろん，仏検 3 級・準 2 級のような全文書き取りの問題は出題されませんが，書き取り（ディクテ）練習の必要性を実感した方も多いでしょう．対策としては，

○ 数字に特化した問題集・キンドル本を試してみる
○ 語学学校のディクテの授業を受講する（筆者は東京の日仏会館で，「ディクテ」の授業を受講したことがあります．）
○ 読み上げサイトなどを利用して独習する（Google 翻訳，ondoku など）

などが考えられます．

練習問題 (解答 p.020 ～023)

[1] 数字を書き取ってください． 🎧01

1. (　　　) (　　　) (　　　) (　　　) (　　　)
2. (　　　　　　　)
3. (　　　) (　　　) (　　　) (　　　) (　　　)
4. (　　) (　　　) (　　　) (　　　) / 33 1 (　　　) (　　　) (　　　) (　　　)
5. (　　) (　　) (　　) (　　) (　　)
6. (　　) (　　) (　　) (　　) (　　)
7. (　　　) (　　　) (　　　) (　　　) (　　)
8. (　　　) (　　) (　　) (　　) (　　)
9. (　　　) (　　　) (　　　) (　　　) (　　)

[2] 🎧02

Vous allez entendre 2 fois un document. Il y a 30 secondes de pause entre les 2 écoutes puis vous avez 30 secondes pour vérifier vos réponses. Lisez les questions.
Vous allez à Lille en train. Répondez aux questions.

1. Le train part du quai.
   - ☐ numéro 4.
   - ☐ numéro 6.
   - ☐ numéro 9.

2. À quelle heure part le train ?

---

[3] 🎧 03

Vous allez entendre 2 fois un document. Il y a 30 secondes de pause entre les 2 écoutes puis vous avez 30 secondes pour vérifier vos réponses. Lisez les questions.

Vous allez à Nantes en train. Répondez aux questions.

1. Le numéro du train est :

   38(   )

2. Le train part voie :
   - ☐ numéro 6.
   - ☐ numéro 8.
   - ☐ numéro 9.

[4] 🎧 04

Vous allez entendre plusieurs petits dialogues correspondant à des situations différentes. Vous aurez 15 secondes de pause après chaque dialogue. Puis vous entendrez à nouveau les dialogues et pourrez compléter vos réponses. Lisez d'abord les questions.

Associez chaque situation à un dialogue. Pour chaque situation, mettez une croix pour indiquer «Qu'est-ce qu'on demande ?», «Où est-ce ?» ou «Qui parle ?».

Situation n° 1 Qu'est-ce qu'on demande ?
- ☐ la réservation d'un billet de cinéma.
- ☐ la réservation d'un billet de concert.
- ☐ la réservation d'un hôtel.
- ☐ la réservation d'un billet de train.

Situation n° 2 Où est-ce ?
- ☐ À la poste.
- ☐ Dans un cybercafé.
- ☐ Dans un magasin de vêtements.
- ☐ À la maison.

Situation n° 3 Qui parle ?
- ☐ un père et un fils.
- ☐ un vendeur et un client.
- ☐ un médecin et un client.
- ☐ on ne sait pas.

[5] 🎧 05

Vous allez entendre plusieurs petits dialogues correspondant à des situations différentes.
Vous aurez 15 secondes de pause après chaque dialogue. Puis vous entendrez à nouveau
les dialogues et pourrez compléter vos réponses. Lisez d'abord les questions.

Associez chaque situation à un dialogue. Pour chaque situation, mettez une croix
pour indiquer «Qu'est-ce qu'on demande ?», «Où est-ce ?» ou «Qui parle ?».

Situation nᵒ 1   Qu'est-ce qu'on demande ?
- ☐ La page d'accueil.
- ☐ Le numéro de téléphone.
- ☐ L'adresse.

Situation nᵒ 2   Où est-ce ?
- ☐ Dans un marché.
- ☐ Dans un café.
- ☐ Dans un magasin.
- ☐ Dans un restaurant.

Situation nᵒ 3   Qui parle ?
- ☐ Deux camarades de classe.
- ☐ Une fille et son père.
- ☐ Deux collègues.
- ☐ Une institutrice et un père.

---

① 押さえておこう!
文法事項   巻末「基本的な文法事項」(p.177 〜)参照

- ☐ 1　名詞と形容詞の男女の一致
- ☐ 2　名詞と形容詞の単複の一致
- ☐ 3　不定冠詞
- ☐ 4　定冠詞
- ☐ 5　無冠詞のケース：être ＋職業
- ☐ 6　基数
- ☐ 7　主語人称代名詞
- ☐ 7b　人称代名詞強勢形

- [ ] 8 直説法現在：状態，描写
- [ ] 9 重要な -er 動詞
- [ ] 10 否定 ne … pas
- [ ] 11 基本の疑問代名詞：qui（誰？），que（何？）
- [ ] 12 疑問形容詞
- [ ] 13 提示の表現：c'est, voilà …
- [ ] 14 よく使われる不規則動詞：être, avoir, faire
- [ ] 16 部分冠詞（du, de la …）
- [ ] 16c 量の表現（いくつかの副詞，冠詞）
- [ ] 18 よく使われる代名動詞：s'appeler（～という名前だ），se lever（起きる），s'habiller（服を着る），se rencontrer（出会う）
- [ ] 20 指示代名詞
- [ ] 22 肯定命令：いくつかの -er 動詞
- [ ] 22c 肯定命令：動詞 venir, aller
- [ ] 23 談話（発話）をつなぐ基本語 et, ou, alors

2 押さえておこう！

語　彙

- [ ] L'alphabet　アルファベット
- [ ] Les nombres　数
- [ ] Les noms et prénoms　姓名
- [ ] L'adresse　住所
- [ ] Les nationalités　国籍
- [ ] Les professions　職業
- [ ] L'état civil（marié / célibataire）
      民事身分（既婚の／独身の）

Les nombres

1 un	2 deux	3 trois	4 quatre	5 cinq
6 six	7 sept	8 huit	9 neuf	10 dix
11 onze	12 douze			13 treize
14 quatorze	15 quinze			16 seize
17 dix-sept	18 dix-huit			19 dix-neuf
20 vingt（…）				

Les professions

un travail	仕事
travailler	働く
étudier	勉強する
le vendeur	販売員
le caissier	レジ係
le boulanger	パン職人
le pâtissier	パティシエ
le phamacien	薬剤師
le médecin	医者
le docteur	医者
le secrétaire	秘書
le directeur	部長（…）

Les nationalités

français, française	フランス人
japonais, japonaise	日本人
anglais, anglaise	イギリス人
italien, italienne	イタリア人
américain, américaine	アメリカ人

- ☐ Les loisirs　余暇の娯楽
- ☐ La famille proche　近い親戚
- ☐ Les objets personnels　身の回り品
- ☐ La description　描写
- ☐ Les couleurs　色
- ☐ La date　日付
- ☐ Les jours de la semaine　曜日
- ☐ L'heure　時間

La description

petit, petite	小さい
grand, grande	大きい
vieux, vieille, vieil	年老いた
jeune	若い
beau, belle, bel	美しい
sympathique	感じのよい (…)

Les couleurs

blanc, blanche	白い
noir, noire	黒い
rouge	赤い
bleu, bleue	青い
jaune	黄色い (…)

Les jours de la semaine

lundi	月曜日	mardi	火曜日
mercredi	水曜日	jeudi	木曜日
vendredi	金曜日	samedi	土曜日
dimanche	日曜日		

覚えておきたい表現

Salut, ...	(話し言葉) やあ，よう；バイバイ
Je t'appelle pour ...	「電話したのは…のため」
Je vous appelle pour ...	「お電話差し上げたのは…のためです.」
Coucou, ...	(話し言葉) おおい，こっちこっち (相手の注意を軽く引くために用いる)

練習問題の解答と解説

[1]

1. 03.20.14.78.81.　　2. 8756　　3. 06.23.95.18.53

4. 08 92 89 90 90 / 33 1 71 25 24 23

5. 02.33.89.80.00. (モン＝サン＝ミシェルの電話番号)

6. 04.32.74.32.74. (アヴィニョンの教皇庁)　　7. 08.92.18.01.80. (トゥールーズの観光局)

8. 04.95.51.77.77. (コルシカの観光局)　　　　9. 01.30.83.78.00. (ヴェルサイユ宮殿)

[2]

〔設問と解説〕

　問題文は2回読まれます. 2回のリスニングの間には30秒あり，リスニングの後にも回答を確認するために30秒あります. 設問を読んでください.

　あなたは電車でリールへ行きます. 設問に答えてください.

1. 電車が何番ホームから出発するかを尋ねる問題です.
2. 電車の出発時刻を書き取る問題です.

〔スクリプト〕

Le TGV numéro 5204 (cinq mille deux cent quatre), départ 10h23, à destination de Lille Europe partira voie 4.

10 時 23 分発, リール・ユーロップ駅行き TGV・5204 号は 4 番ホームからです.

〔解答〕
1. numéro 4.　　　2. 10h23.

[3]

〔設問と解説〕

　問題文は 2 回読まれます. 2 回のリスニングの間には 30 秒あり, リスニングの後にも回答を確認するために 30 秒あります. 設問を読んでください.

　あなたは電車でナントへ行きます. 設問に答えてください.

1. 電車の番号を尋ねる設問.

2.「電車は何番ホームから出発しますか」.

〔スクリプト〕

Le train Corail Intercités numéro 3852 (trois mille huit cent cinquante-deux), en provenance de Toulouse Matabiau, et à destination de Nantes, est annoncé voie 6.

トゥールーズ・マタビオ駅発, ナント行き, コライユ・アンテルシテ 3852 号は 6 番ホームからです.

〔解答〕
1. 38(52)　　　2. numéro 6.

〔語彙〕
□ en provenance de 〜　〜から来た, 〜発の

[4]

〔設問と解説〕

　いくつかの異なるシチュエーションの対話を聞いてください. それぞれの対話の後に, 15 秒あります. それから再び対話を聞いて, 回答を完成させてください.

　それぞれの状況と対話を結び付けてください. それぞれの状況について,《何を求めていますか?》,《どこですか?》,《誰が話していますか?》の設問に ☒ を付けてください.

〔会話文〕

【対話 1】〔何を求めていますか?〕

　— Est-ce que je peux réserver un billet ici ?

　　— ここで, 切符を予約できますか?

— Oui, vous partez quel jour ? Et quelle est votre destination ?
   — はい．ご出発は何日ですか？ 行き先はどこですか？

【対話 2】〔どこですか？〕
— C'est un colis pour toi. Qu'est-ce qu'il y a dedans ?
   — これは君への小包だよ．何が入ってるの？
— C'est une jupe que j'ai achetée sur Internet.
   — ネットで買ったスカートよ．
— C'est de bonne qualité, quand tu achètes sur Internet ?
   — ネットで買ったものの質はいいの？
— C'est pas mal. J'ai déjà fait plusieurs achats.
   — 悪くないわ．もう何度か買ったわ．

【対話 3】〔誰が話していますか？〕
— Ces temps-ci, les enfants aiment bien jouer à ordinateurs.
   — 近頃，子供はコンピューターで遊ぶのが好きね．
— C'est vrai. Mon fils est assis devant l'ordinateur toute la journée.
   — そうだね．僕の息子も一日中コンピューターの前に座ってるよ．
— Ce n'est pas bien pour les yeux, n'est-ce pas ?
   — 目に良くないよね．
— Oui, ça m'inquiète beaucoup.
   — そう，とても心配してるんだ．

〔解答〕
Situation no1   la réservation d'un billet de train.
Situation no2   À la maison.
Situation no3   on ne sait pas.

〔語彙〕
□ réserver 予約する　　　　　　　　□ le billet (de train) 列車の切符，乗車券
□ le billet d'avion 航空券　　　　　□ la destination 行き先，目的地／宛先
□ dedans (副詞) 中に　　　　　　　　□ Internet (internet) インターネット（無冠詞）
□ le cybercafé ネットカフェ　　　　□ ces temps-ci 近頃（現在まで続いている状態）
□ assis(e) (形容詞) 座っている
□ ça m'inquiète そのことが私を心配させる → 私はそのことを心配している
□ on ne sait pas （この会話だけでは）分からない

[5]
〔設問と解説〕
　いくつかの異なるシチュエーションの対話を聞いてください．それぞれの対話の後
に，15 秒あります．それから再び対話を聞いて，回答を完成させてください．まず，
写真（イラスト）を見てください．
　それぞれの状況と対話を結び付けてください．それぞれの状況について，《何を求め

ていますか？》,《どこですか？》,《誰が話していますか？》の設問に ☒ を付けてください.

〔会話文〕

【対話 1】〔何を求めていますか？〕

— Tu as le numéro de téléphone de ce restaurant-là ?
　　— あのレストランの電話番号知ってる？

— Je n'ai pas mon agenda sur moi, mais je sais que ce restaurant a une page internet. Tu peux trouver le numéro sur cette page.
　　— 手帳が手元にないから分からないけど，あのレストランはホームページがあるよ．そのページで電話番号が分かるよ．

【対話 2】〔どこですか？〕

— J'aimerais bien acheter un portable pour ma femme. Pouvez-vous me renseigner un peu sur ces produits ?
　　— 妻に携帯電話を買ってあげたいんですが，これらの製品について少し説明していただけますか？

— Monsieur, ceci est un nouveau produit de notre entreprise. Regardez donc.
　　— これはわが社の新製品です．ご覧ください．

— Oh, la couleur est très bien. Ça va lui plaire.
　　— ああ，色がとても綺麗ですね．彼女は気に入るでしょう．

【対話 3】〔誰が話していますか？〕

— Vous êtes le père de Pierre ? Je vous ai demandé de venir aujourd'hui parce que Pierre s'est encore disputé avec son camarade.
　　— ピエールのお父さんですね？ 今日来ていただいたのは，ピエールがまたクラスメートとけんかをしたからなんです．

— Cet enfant ne m'écoute pas. Quand je rentre, je dois le gronder sévèrement.
　　— あの子は私の言うことをきかないんです．家に戻ったら，きつくしかりつけないといけませんね．

〔解答〕

Situation no1　le numéro de téléphone.

Situation no2　Dans un magasin.

Situation no3　une institutrice et un père.

〔語彙〕

□ un agenda　手帳

□ renseigner qn sur 〜　（人）に〜について教える，情報を与える

□ se disputer　口論する，けんかする　　　　□ gronder（子供など）をしかる，叱責する

	資料の種類
EXERCICE 1 [6 points]* ・単純な指示を理解する	私生活： 手紙，e-mail，結婚通知書，ポストイットに書かれたメモ， 取扱説明書，料理のレシピなど
EXERCICE 2 [6 points] ・空間情報を読み取る	公共の場： 手紙，ポスター，メニュー，広告，パンフレット，時刻表， 切符など
EXERCICE 3 [6 points] ・時間情報を読み取る	仕事の場： 三行広告，e-mail，パンフレット，チラシ，時間割など
EXERCICE 4 [7 points] ・正しく情報を読み取る	教育や研修： 短い記事，パンフレット，チラシ，テレビ番組表など

＊ Exercice の順序・配点は変わることがあります．

▶ 概　要

　読解の試験には 4 つの Exercice があります（新形式では記述問題がなくなり，全て選択式です．p.40 参照）．

[設問のパターン]

　Exercice 1 では主に「招待状」に書かれた情報（指示）を読み取る問題が出題されます．

　Exercice 2 では主に公（おおやけ）の場で受け取る可能性のある「手紙」，「メール」，「広告」に書かれた情報を読み取る問題が出題されます．したがって，問題文は「vous」が用いられた改まった文体になります．

　Exercice 3 では主に新聞の 3 行広告が出題されています．仕事を探す，あるいは家を探すといったシチュエーションです．

　Exercice 4 では，TV 番組表についての問題だけでなく，最近では短い記事の読解が問われるようになっています．

✓ 注意点

　設問をよく読んで，どのタイプの設問なのか見極めてください．

［ポイント ①］

    a. ☒

    b. ☐

    c. ⊗ **←最終的な解答**

  ペン字で書いていて,いったんチェックを入れた（☒）後で,答えを変更したい場合,最終的な答えにもチェックを入れた上で丸で囲んでください.

［ポイント ②］

  必ずしも文章を書く必要はありません.いくつかの単語だけで十分な場合が多いです.

［ポイント ③］

  「Une réponse attendue」あるいは「Donnez une réponse.」と記されている場合,複数の回答が可能でも 1 つの答えだけを記入しましょう.

［ポイント ④］

  複数の回答が求められる場合は例えば「Deux réponses」（2 つの回答）と記されています.

［ポイント ⑤］

  問われる箇所の順序は基本的に問題文の通りです.つまり,一番目の設問に対する答え（手がかり）は,文章の最初の方にあり,最後の設問は最後の方にあるということです.

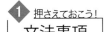

① 押さえておこう!
文法事項 巻末「基本的な文法事項」(p.177 〜)参照

☐ 8 直説法現在：状態,描写

☐ 9 重要な -er 動詞

☐ 10 否定 ne … pas

☐ 14 よく使われる不規則動詞：être, avoir, faire

☐ 18 よく使われる代名動詞：s'appeler（〜という名前だ）, se lever（起きる）, s'habiller（服を着る）, se rencontrer（出会う）

☐ 22 肯定命令：いくつかの -er 動詞

☐ 23 談話（発話）をつなぐ基本語 et, ou, alors

☐ 24 （国籍の）形容詞の一致

☐ 25 基本的な形容詞

□ 26 時期の表現：前置詞＋年・月・日・季節
□ 27 時間の位置づけ：重要な副詞 (aujourd'hui, maintenant, demain …)
　　（出来事を時間の中で位置づける）
□ 28 空間の位置づけ：en / au + pays ; à + ville

② 押さえておこう！
語　彙

□ L'alphabet　アルファベット
□ Les nombres　数
□ Les noms et prénoms　姓名
□ L'adresse　住所
□ Les nationalités　国籍
□ Les professions　職業
□ Les loisirs　余暇の娯楽
□ La famille proche　近い親戚
□ L'heure　時間
□ La date　日付
□ Les jours de la semaine　曜日
□ Les saisons　季節
□ Les lieux　場所
□ Le temps　天気 / Le climat　気候
□ Quelques noms de pays　いくつかの国の名

Les saisons

printemps *m.* 春		été *m.*	夏
automne *m.*	秋	hiver *m.*	冬

Le temps / Le climat

Il fait beau.	天気が良い
Il fait mauvais.	天気が悪い
Le temps est nuageux.	曇りだ
(Le ciel est couvert.)	
Il pleut.	雨が降っている
Il neige.	雪が降っている
Il fait chaud.	暑い
Il fait froid.	寒い (…)

Quelques noms de pays

France *f.*	フランス
Japon *m.*	日本
Angleterre *f.*	イギリス
États-Unis *m. pl.*	アメリカ
Allemagne *f.*	ドイツ
Italie *f.*	イタリア
Chine *f.*	中国 (…)

配点：25 points　　時間：30 分

	資料の種類
EXERCICE 1 [10 points]* ・カードや申込書に記入する	申込カード／用紙（語学学校，スポーツクラブ，図書館，定期券予約申込書など）
EXERCICE 2 [15 points] ・簡単な文書を書く	絵葉書，e-mail，手紙，短い自己紹介文など

＊ Exercice の順序・配点は変わることがあります．

▶ 概　要

　Exercice 1 は申込書等の書類に必要事項を記入する問題です．出題パターンはほぼ決まっていますから，あらかじめ準備しておきましょう．日付や住所などが日本語とは順序が異なる点に注意しましょう．

　Exercice 2 は短い作文です．指示に従って絵葉書や e-mail の作成が求められます．
以下が Exercice 2 の採点基準です．

【設問に沿って答えているか】 • 設問の要求に答えている •「et」や「alors」のような非常に基本的な接続語を用いて，単語を結びつけることができる 　→ ジャンル（例：同僚への e-mail，友達への絵葉書） 　→ テーマ（例：招待を受け入れる／断る） • 最低文字数の 40 字をクリアしている	2 points (0,5 point 刻み： 例 0,5 point, 1,5 point)
【社会言語学的採点】 • 最も基本的な挨拶の表現を使うことができる (bonjour, salut, au revoir, à bientôt *etc.*) • 話し相手に合った言い回しを選んでいる（tu と vous をしっかり使い分けている）	2 points
【情報伝達力，かつ（または）描写力】 • 自分自身や自分の活動について簡単な文章を書くことができる	4 points
【語彙と綴り】 • 自分の個人的な状況に関する基本的な語彙を使うことができる • 基本的な語彙に含まれる単語を正しく綴ることができる	3 points
【文法の知識（形態統語論）】 • 記憶した語彙に属する単純な文法構造・形式を限定的ではあるが使いこなせる （性数一致，動詞の活用など）	3 points
【整合性と統一感】 •「et」や「alors」のような非常に基本的な接続語を用いて，単語を結びつけることができる	1 point

✓ 注意点

Exercice 1

［ポイント ①］

文章ではなく，文章の一部（単語，熟語）だけで大丈夫です．

Exercice 2

［ポイント ②］

設問のシチュエーションが実際のあなたに当てはまらない場合は，創作しなくてはなりません．

［ポイント ③］

設問中にある言葉は，求められている課題を理解するためのものです．それらの言葉をそのまま写して使うのではなく，自分の言葉で作文してください．

［ポイント ④］

別紙に下書きをしてもいいですが，最後にはペンで清書しなければなりません．黒（または青）のペンを使ってください．

---

1 押さえておこう！
文法事項
巻末「基本的な文法事項」(p.177 〜)参照

- □ 5　無冠詞のケース：être ＋職業
- □ 8　直説法現在：状態，描写
- □ 9　重要な -er 動詞
- □ 14　よく使われる不規則動詞：être, avoir, faire
- □ 18　よく使われる代名動詞：s'appeler（〜という名前だ），se lever（起きる），s'habiller（服を着る），se rencontrer（出会う）
- □ 23　談話（発話）をつなぐ基本語　et, ou, alors
- □ 24　（国籍の）形容詞の一致
- □ 24b 形容詞の位置 un petit chien, une grande ville, de jolies fleurs
- □ 26　時期の表現：前置詞＋年・月・日・季節
- □ 27　時間の位置づけ：重要な副詞 (aujourd'hui, maintenant, demain …)（出来事を時間の中で位置づける）
- □ 28b 空間の位置づけ
- □ 29　非人称の il：天気予報の « il »

② 押さえておこう！
語　彙

- [ ] L'alphabet　アルファベット
- [ ] Les nombres　数
- [ ] Les noms et prénoms　姓名
- [ ] L'adresse　住所
- [ ] Les nationalités　国籍
- [ ] Les professions　職業
- [ ] Les loisirs　余暇の娯楽
- [ ] La famille proche　近い親戚
- [ ] L'état civil (marié / célibataire)　民事身分（既婚の／独身の）
- [ ] L'heure　時間
- [ ] La date　日付
- [ ] Les jours de la semaine　曜日
- [ ] Le temps　天気 / Le climat　気候
- [ ] Les pays　国 / Les villes　都市
- [ ] Les saisons　季節
- [ ] Les lieux　場所

フランスの住所表記

～番地　～通り　75001

フランスでは全ての通りに名前がついていて，～番地＋通りの名前＋郵便番号＋市という順番で表記します.

例：5 rue Rameau, 75002, Paris
（郵便番号 75002 パリ市ラモー通り 5 番地）
郵便番号が 75 から始まるのはパリ市で，下 2 桁が区の番号になります. 75002 であればパリ 2 区となります.

作文で使える表現集

À bientôt !　　（あいさつで）じゃまた，近いうちに！
À plus tard !　（同じ日の）また後で！
À plus !　　　またね！（同じ日とは限定されない）
(…)

PARTIE 4　口頭表現 Production orale

配点：25 points　　準備時間：10 分，試験時間：5 〜 7 分

	試験の内容
ENTRETIEN DIRIGÉ [5 points] ・基本的な質問	面接官からの質問に答える （あなた自身，あなたの家族，あなたの趣味などについて）
ÉCHANGE D'INFORMATIONS [4 points] ・情報の交換	キーワードが記されたカードを使って，面接官へ質問する
DIALOGUE SIMULÉ [7 points] ・ロールプレイング	面接官とロールプレイングを演じる （ユーロ硬貨・紙幣，銀行カード，小切手などの写真）
言語レベル [9 points]	語彙 [3 points]　　文法 [3 points]　　発話 [3 points]

▶ 概　要

　第4部・口頭表現（面接）の試験は3つのセクションで構成されます．
　面接試験が始まる前に，10分間の準備時間があります．セクション2とセクション3の準備をしてください．
　セクション1では，面接官の簡単な質問に答えてください．

　・**面接官** ─ 質問 ➡ **あなた**

　セクション2では，準備の際に選んだカードに記されたキーワードにしたがって，《あなた》が《面接官》に質問します．

　・**あなた** ─ 質問 ➡ **面接官**

　セクション3では，準備の際に選んだテーマに従って，面接官と一緒にロールプレイングをします．
　テーマは数行で状況設定がしてあります．

┌─────────────────────┐
│ **面接試験までの流れ** │
├─────────────────────┤
│ **準備（10分）** │
│ ・ セクション2のために，6枚 │
│ 　のカードを無作為に選んでく │
│ 　ださい（tirage au sort）． │
│ ・ セクション3のために，2つ │
│ 　のテーマを選んでください． │
│ 　そのうち1つについて準備し │
│ 　てください． │
│ 　　　　　↓ │
│ **面接試験（5-7分）** │
└─────────────────────┘

以下が口頭表現の採点基準です.

[口頭表現の採点基準]

1. 基本的な質問（＝セクション 1） ● 自己紹介をすることができる ● 簡単な質問に答えながら，自分のことを話すことができる 　※面接官はゆっくりはっきりと質問します	5 points (0,5 point 刻み： 例 0,5 point, 1,5 point)
2. 情報の交換（＝セクション 2） ● 日常的・具体的なテーマについて［面接官に対して］簡単な個人的質問ができ，必要があれば［面接官の］回答が理解できたかを示すことができる	4 points
3. ロールプレイング（＝セクション 3） ● 何かを誰かに頼んだり，与えたりすることができる ● 日常生活の具体的なテーマに関する簡単な指示を理解したり，自ら出したりすることができる	4 points
● 基本的な丁寧表現を用いることができる	3 points
4. 上記 3 セクション全体を通した言語レベル 【語彙】	3 points
【文法】 ● 非常に簡単な構文を，限定的ではあるが使いこなせる	3 points
【発話】 ● 限定的な表現を，相手が理解可能なやり方で発音できる	3 points

注意点

【ポイント ①】

　面接試験の部屋に入る前に深呼吸するなどして，リラックスすることを心がけましょう.部屋に入った時に,しっかり挨拶しましょう.公的な試験ですから,vous を使ってください.

【ポイント ②】

Oui や Non だけで終わらずに，なるべく文章を作って説明する努力をしましょう.

　　Quel est votre nom ?（Comment vous appelez-vous ?）

　　— Je m'appelle Yuri Tanaka.

　　　（× ~~Mon nom est Yuri Tanaka.~~ とは言わない点に注意）

【ポイント ③】

　間違えるのが怖いと感じるのは誰しも同じです.質問が分からなかった場合は,Excusez-moi, vous pouvez répéter, s'il vous plaît ?（すみません.もう一度言ってく

ださい）と聞き返してみましょう．

迷ったり，小さな間違いをするのは普通です．単語が出て来なくても慌てる必要はありません．自分を信じましょう．

［ポイント ④］

準備時間中にメモを取っても OK．試験中にメモを見ても OK．

［ポイント ⑤］

セクション 2 とセクション 3 のために，準備時間に何をするか？

セクション 2 では，カードに記されたキーワードに基づいて面接官に質問をしなければならないので，そのキーワードを使ってあなたが何を話せるかを想像して，メモに書いてください．

面接官への質問文にはバリエーションをつけてください．つまり，倒置疑問文，est-ce que を使った疑問文，疑問詞（pourquoi, où, quand, comment *etc.*）などを駆使して質問しましょう．

セクション 3 はロールプレイングです．セクション 3 で話すつもりの全ての対話をメモすることはできません．キーワードだけをメモすることになります．したがって，メモされたキーワードだけを見て，文章化する練習が必要になるでしょう．

［ポイント ⑥］

あなたが話している時に面接官が採点メモを取るかもしれませんが，気にしないようにしましょう．

1 押さえておこう！

文法事項

巻末「基本的な文法事項」(p.177 ～) 参照

- □ 1 名詞と形容詞の男女の一致
- □ 2 名詞と形容詞の単複の一致
- □ 3 不定冠詞
- □ 4 定冠詞
- □ 5 無冠詞のケース：être ＋職業
- □ 6 基数
- □ 7 主語人称代名詞
- □ 7b 人称代名詞強勢形
- □ 8 直説法現在：状態，描写
- □ 9 重要な -er 動詞
- □ 10 否定 ne ... pas

- [ ] 10c シンプルな疑問文：3 つの形
- [ ] 10d 疑問形：est-ce que / qu'est-ce que
- [ ] 12 疑問形容詞
- [ ] 12b 基本の疑問副詞 (où / quand / combien)
- [ ] 13 提示の表現：c'est, voilà …
- [ ] 14 よく使われる不規則動詞：être, avoir, faire
- [ ] 14b « de » を介した名詞の補語 ― 所属
- [ ] 15 所有形容詞と所有代名詞
- [ ] 16 部分冠詞 (du, de la …)
- [ ] 16b 基本の副詞 (un peu / beaucoup)
- [ ] 16d 決まった量 (un peu de … / beaucoup de …)
- [ ] 18 よく使われる代名動詞：s'appeler（～という名前だ）, se lever（起きる）, s'habiller（服を着る）, se rencontrer（出会う）
- [ ] 20 指示代名詞
- [ ] 23 談話（発話）をつなぐ基本語 et, ou, alors
- [ ] 24 （国籍の）形容詞の一致
- [ ] 26 時期の表現：前置詞＋年・月・日・季節
- [ ] 27 時間の位置づけ：重要な副詞 (aujourd'hui, maintenant, demain …)（出来事を時間の中で位置づける）
- [ ] 28b 空間の位置づけ
- [ ] 30 動詞 comprendre (je / vous)
- [ ] 32 条件法現在：丁寧な表現 « je voudrais … »

2 押さえておこう！
語 彙

- [ ] L'alphabet アルファベット
- [ ] Les nombres 数
- [ ] Les noms et prénoms 姓名
- [ ] L'adresse 住所
- [ ] Les nationalités 国籍
- [ ] Les professions 職業
- [ ] L'état civil (marié / célibataire) 民事身分（既婚の／独身の）
- [ ] Les loisirs 余暇の娯楽
- [ ] La famille proche 近い親戚

☐ La description (petit / grand / vieux / jeune / beau / sympathique ...) 描写
☐ Les couleurs 色
☐ L'heure 時間
☐ La date 日付
☐ Les jours de la semaine 曜日
☐ La méteo 天気予報
☐ Les saisons 季節
☐ Les objets personnels 身の回り品
☐ Les objets de la classe 学校用品
☐ Les prix 価格（値段）

- 2020 年以降，DELF・DALF の試験形式に若干の変更があります．よりシンプルで信頼性の高い試験を目指し，部分的な改変が行われています．そのため 2020 年から約 3 年間の移行期には，「新形式」の試験がこれまでの試験と併存しています．

- 移行期間に関する最新動向

  これらのテストの制作や心理学的な検証は，国際的なコロナ禍のために遅々として進んでいません．そのため，移行期間（新旧 2 形式が併用される期間）が見直されました．新形式が使用され始める時期は 2023-2024 年度に再設定されました．

- 試験の難易度は変わりませんし，大幅な改変ではありませんから，試験対策の変更は必要ありません．

＊重要な変更点

1. 「聞き取り」と「読解」における記述式の回答がなくなります．→すべて選択式へ．

2. 一部で Exercice の数が増えます（その代わりに Exercice は短くなります）．

- 「新形式」の試験例は，インターネット上で公開されています．

  ダウンロードサイト

  https://www.delfdalf.ch/niveaux/exemples-dexamens

DELF A1 試験概説 ┃ PARTIE 1　聴解 Compréhension de l'oral

配点：25 points　　時間：約 20 分

資料の種類	
EXERCICE 1 [4 points]*	留守録の個人的なメッセージ（を聞き分ける）[3 択× 4 問]
EXERCICE 2 [4 points]	[ラジオ] 天気予報，ニュース，広告など [アナウンス] 駅，空港，スーパー，デパートなど [3 択× 4 問]
EXERCICE 3 [4 points]	留守録の指示（を理解する）[3 択× 4 問]
EXERCICE 4 [8 points]	短い対話，イラスト，写真 [対話とイラストを結びつける] 特に学校・教育関連
EXERCICE 5 [5 points]	物 (objet) の有無を答える [2 択× 5 問]

＊ Exercice の順序・配点は変わることがあります.

▶　概　要

　聴解（リスニング）の試験には 5 つの Exercice があります.
　解答は選択式（3 択もしくは 2 択）と，対話とイラストを結び付ける形式で，記述問題はありません.

[設問のパターン]

　Exercice 1，3，5 では「留守録」に残されたメッセージが出題されます.
　Exercice 4 は，録音された対話を聞いて，それぞれの対話に対応する写真（イラスト）を選ぶ問題です. 写真（イラスト）の数が 2 つ多いので，該当しないものが 2 つ出てきます. 主に学校教育関連の状況の出題が予想されます.
　Exercice 5 は，5 枚のイラスト（写真）で示されるオブジェ objet について，留守録のメッセージの中で言及されたかどうかを Oui（はい）か Non（いいえ）で答える形式です. イラスト（写真）の順序は必ずしもメッセージ内容の順序と同じとはかぎりません. つまり，最初のイラストのオブジェが，メッセージの最後に出てくる場合もあります.

[設問の流れ]

　まず，次のアナウンスが流れます.

Ministère de l'éducation nationale, Centre international d'études pédagogiques. DELF niveau A1 du *Cadre européen commun de référence pour les langues*, épreuve orale collective.

国民教育省，国際教育研究センター．「ヨーロッパ共通参照枠組み」の A1 レベル・DELF，口頭試験〔共通〕

次に，

Vous allez écouter plusieurs documents. Il y a 2 écoutes. Avant chaque écoute, vous entendez le son suivant. Dans les exercices 1, 2, 3 et 5 pour répondre aux questions, cochez ☒ la bonne réponse.

いくつかのリスニングを聞いてください．それぞれ 2 回ずつ読まれます．それぞれのリスニングの直前に，効果音（「タラララン」）が流れます．Exercice 1, 2, 3, 5 では，正しい答えに ☒ をつけてください．

というアナウンスがあります．

その後の Exercice 1 と Exercice 2 の流れは以下のようになっています．

Exercice 1

Lisez la question. Écoutez le document puis répondez.

設問を読んでください．リスニングを聞いてから答えてください．

… ［30 秒］
… ［効果音・タラララン］

① （1 回目）
（例）Je m'appelle Philippe Gaudin, je suis instituteur de votre fille à l'école. (…)

… ［30 秒］
… ［効果音・タラララン］

② （2 回目）

… ［30 秒］

Exercice 2

Lisez la question. Écoutez le document puis répondez.

（…）

このように，2 回繰り返されるリスニングの前に 30 秒，間に 30 秒，後ろに 30 秒と，計 1 分 30 秒が与えられています．Exercice 3 も同様の流れです．

また，Exercice 4 の流れは次のようになります．

Exercice 4

Vous allez entendre quatre petits dialogues correspondant à quatre situations différentes. Il y a 15 secondes de pause après chaque dialogue. Notez, sous chaque image, le numéro du dialogue qui correspond. Puis vous allez entendre à nouveau les dialogues. Vous pouvez compléter vos réponses. Regardez les images. Attention, il y a six images (A, B, C, D, E et F) mais seulement quatre dialogues.

> 4 つのシチュエーションに対応した 4 つの短い対話が流れます．それぞれの対話の後に 15 秒のポーズがあります．イラストの下に，対応する台詞の番号を書き込んでください．その後，もう一度対話を聞いて，回答を完成させてください．イラストを見てください．イラストは 6 枚ありますが（A，B，C，D，E，F），対話は 4 つしかありません．

… ［30 秒］
… ［効果音・タラララン］

[Dialogue 1, 2, 3 et 4] (1 回目：4 つの対話文が連続して流れます．対話と対話の間には 15 秒あります．)

… ［30 秒］
… ［効果音・タラララン］

[Dialogue 1, 2, 3 et 4] (2 回目：4 つの対話文が連続して流れます．対話と対話の間には 15 秒あります．)

… ［30 秒］

最後に，Exercice 5 の流れは次のようになります．

Exercice 5

Vous allez entendre un message. Quels objets sont donnés dans le message ?

Vous entendez le nom de l'objet ? Cochez (☒) oui. Sinon, cochez (☒) non. Puis vous allez entendre à nouveau le message. Vous pouvez compléter vos réponses.

　メッセージを聞いてください．そのメッセージの中で，どのような物 (objet) が言及されていますか．

　物の名前が聞き取れたら，「はい」にチェックを入れてください．そうでない場合は「いいえ」にチェックを入れてください．その後，もう一度メッセージを聞いて，回答を完成させてください．

… [15 秒]

… [効果音・タラララン]

① (1 回目)

(例) Allô ? C'est Philippe. Je vais rentrer un peu tard ce soir. (…)

… [15 秒]

… [効果音・タラララン]

② (2 回目)

… [30 秒]

L'épreuve de compréhension de l'oral est terminée. Passez maintenant à l'épreuve de compréhension des écrits.

　これで聴解力テストは終了です．次は読解力テストです．

　このように，2 回繰り返されるリスニングの前に 15 秒，間に 15 秒，後ろに 30 秒と計 1 分が与えられています．

配点：25 points　　時間：30 分

	資料の種類
EXERCICE 1 [6 points]* ・単純な指示を理解する	手紙，e-mail，結婚通知書，ポストイットに書かれたメモ，取扱説明書など
EXERCICE 2 [6 points] ・空間情報を読み取る	ポスター，広告，パンフレット，時刻表，チラシ，看板など
EXERCICE 3 [6 points] ・時間情報を読み取る	仕事の場での e-mail，使用説明書，チラシ，時間割など
EXERCICE 4 [7 points] ・正しく情報を読み取る	短い記事，パンフレット，チラシ，イベントのプログラムなど

＊ Exercice の順序・配点は変わることがあります．

▶ 概　要

読解の試験には 4 つの Exercice があります．

［設問のパターン］

解答は選択式（3 択）で，記述問題はありません．

Exercice 1 では主に「メール」や「招待状」に書かれた情報（指示）を読み取る問題が出題されます．

Exercice 2 では主に公（おおやけ）の場で受け取る可能性のある「手紙」，「メール」，「広告」に書かれた情報を読み取る問題が出題されます．地図上で，正しい通り道を選ぶ問題が予想されます．

Exercice 3 では新聞や掲示板の 3 行広告が頻出です．

Exercice 4 では短い記事の読解が頻出です．

DELF A1

PARTIE 1

Compréhension de l'oral   25 points

Ministère de l'éducation nationale, Centre international d'études pédagogiques, DELF niveau A1 du *Cadre européen commun de référence pour les langues,* épreuve orale collective.

Vous allez écouter plusieurs documents. Il y a 2 écoutes. Avant chaque écoute, vous entendez le son suivant : 📢.

Dans les exercices 1, 2, 3 et 5, pour répondre aux questions, cochez (⊠) la bonne réponse.

EXERCICE 1   4 points   07

Lisez les questions. Écoutez le document puis répondez.
Vous écoutez le message suivant sur votre répondeur téléphonique.

❶ Où est Hugo maintenant ?   1 point

   ☐ A. Au cinéma.

   ☐ B. À l'opéra.

   ☐ C. Dans un café.

❷ Quel est le titre du film ?   1 point

   ☐ A. « La planète rouge »

   ☐ B. « La planète 51 »

   ☐ C. « La planète des singes »

❸ Le film commence à …   1 point

   ☐ A. 1h30.

   ☐ B. 20h30.

   ☐ C. 21h30.

❹ Que demande Hugo ?   1 point

   ☐ A. Il demande de venir au café.

   ☐ B. Il demande de le rappeler.

   ☐ C. Il demande de l'attendre au cinéma.

EXERCICE 2 [4 points] 08

Lisez les questions. Écoutez le document puis répondez.
Vous êtes en France. Vous entendez cette annonce dans le train.

❶ Ce message demande aux passagers …   1 point
   ☐ A. de changer de train à Valence.
   ☐ B. de descendre à Avignon.
   ☐ C. de prendre le bus à Valence.

❷ Le retard est de …   1 point
   ☐ A. 25 minutes.
   ☐ B. 30 minutes.
   ☐ C. 1 heure.

❸ Quelle est la cause du retard ?   1 point

   ☐ A   ☐ B   ☐ C

❹ Le train TER 6171 part …   1 point
   ☐ A. dans 20 minutes.
   ☐ B. à 10h30.
   ☐ C. du quai 5.

EXERCICE 3 [4 points] 09

Lisez les questions. Écoutez le document puis répondez.
Vous écoutez le message suivant sur votre répondeur téléphonique.

❶ Qui vous laisse ce message ?   1 point
   ☐ A. Votre secrétaire.
   ☐ B. La secrétaire de la directrice.
   ☐ C. L'employée de l'aéroport.

❷ Si vous êtes disponible, à quelle heure irez-vous à la réunion ?   1 point
  ☐ A. 8 heures.
  ☐ B. 9 heures.
  ☐ C. 13 heures.

❸ Ce changement d'horaire est dû …   1 point
  ☐ A. au retard de l'avion.
  ☐ B. à un accident de voiture.
  ☐ C. à un embouteillage sur la route.

❹ Elle vous demande …   1 point
  ☐ A. de lui téléphoner à 13 heures.
  ☐ B. de la rappeler avant 8 heures
  ☐ C. d'envoyer un SMS.

EXERCICE 4 | 8 points | 🎧 10

Vous allez entendre quatre petits dialogues correspondant à quatre situations différentes. Il y a 15 secondes de pause après chaque dialogue. Notez, sous chaque image, le numéro du dialogue qui correspond. Puis vous allez entendre à nouveau les dialogues. Vous pouvez compléter vos réponses. Regardez les images. Attention, il y a six images (A, B, C, D, E et F) mais seulement quatre dialogues. | 2 points par réponse |

image A

Situation n°_____

image B

Situation n°_____

image C

Situation n°_____

image D	image E	image F
	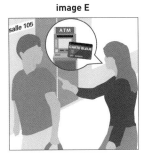	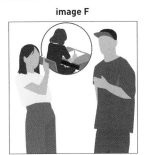
Situation n°_____	Situation n°_____	Situation n°_____

EXERCICE 5   [5 points] 🎧 11

Vous allez entendre un message. Quels objets sont donnés dans le message ?
Vous entendez le nom de l'objet ? Cochez (⊠) oui. Sinon, cochez (⊠) non. Puis vous
allez entendre à nouveau le message. Vous pouvez compléter vos réponses.

[1 point par réponse]

❶

A. Oui.   B. Non.
☐   ☐

❷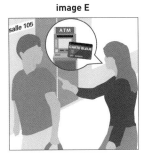

A. Oui.   B. Non.
☐   ☐

❸

A. Oui.   B. Non.
☐   ☐

❹

A. Oui.   B. Non.
☐   ☐

❺

A. Oui.   B. Non.
☐   ☐

Compréhension des écrits 25 points

Pour répondre aux questions, cochez (⊠) la bonne réponse.

▌EXERCICE 1   6 points

Vous êtes en France. Vous recevez ce message dans votre boîte aux lettres.

> Bonjour,
>
> J'ai appris que mon fils et son ami vous ont réveillé(e) plusieurs
> fois cette nuit avec leur musique. Je suis vraiment désolée,
> l'isolation sonore est certainement mauvaise. Je vais leur dire
> de ne plus répéter après 11h du soir. J'espère ainsi que vous ne
> serez plus dérangé(e).
> Bonne journée.
>
> Sandrine.

Répondez aux questions.

❶ Qui a écrit ce message ?   1 point
  - ☐ A. Votre propriétaire.
  - ☐ B. Votre voisine.
  - ☐ C. Votre concierge.

❷ Qu'est-ce que ce message exprime ?   1 point
  - ☐ A. Un remerciement.
  - ☐ B. Des excuses.
  - ☐ C. Une demande.

❸ Qui a fait du bruit cette nuit ?   1,5 point
  - ☐ A. Votre voisine.
  - ☐ B. Le fils de votre voisine et son ami.
  - ☐ C. Les gens dans la rue.

❹ De quel genre de bruit s'agit-il ?   1 point

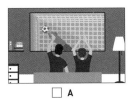 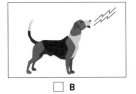 

☐ **A**   ☐ **B**   ☐ **C**

❺ Pourquoi on entend ce bruit ?   1,5 point

☐ Parce que deux garçons se sont disputés.
☐ Parce que les appartements sont trop petits.
☐ Parce que l'isolation sonore est mauvaise.

EXERCICE 2 `6 points`

Vous êtes en France et vous cherchez du travail. Vous lisez ces annonces dans un journal.

(1)

Pizzeria Domino

cherche un(e) employé(e) disponible le week-end (10h-22h). Précisez les langues parlées. Appelez au 04 72 71 71 69 avant le 1ᵉʳ juillet.

(2)

Brasserie le Nord

cherche un(e) serveur / serveuse avec au moins 2 ans d'expérience dans la restauration. Envoyez votre CV avec photo à l'adresse : 15 Rue Neuf, 69002, Lyon avant le 15 juillet.

(3)

Restaurant le Musée

cherche un(e) cuisinier / cuisinière avec expérience dans la restauration traditionnelle (minimum 3 ans). Du lundi au vendredi, 9h à 22h. Envoyez votre candidature à : adeko@rhapply.com

(4)

Restaurant Ponte Vecchio

cherche un(e) serveur/serveuse, du 10h à 15h et 17h à 23h (du jeudi au lundi inclus). Maîtrise parfaite de l'anglais. Appelez au 04 78 37 71 11 avant le 10 juillet.

(5)

> **Restaurant Au duc de la Chapelle**
>
> cherche un(e) cuisinier / cuisinière.
> Service du soir essentiellement. 17h30
> à 1h45 du matin. 5 jours/semaine.
> Ne tardez pas à nous transmettre
> votre candidature, (avant le 1er août)
> à : parismerveilles@rhapply.com

Répondez aux questions.

❶ Vous êtes libre le soir. Qui contactez-vous ?   1 point

☐ A. Restaurant le Musée.

☐ B. Restaurant Ponte Vecchio.

☐ C. Restaurant Au duc de la Chapelle.

❷ Pour l'annonce (2), vous devez …   1 point

☐ A. téléphoner.

☐ B. envoyer votre lettre de motivation.

☐ C. envoyer votre CV.

❸ Pour le restaurant (3), combien de jours par semaine devez-vous être disponible ?

☐ A. 2 jours.   1 point

☐ B. 3 jours.

☐ C. 5 jours.

❹ Pour l'annonce (4), vous devez …   1,5 point

☐ A. être de nationalité britannique.

☐ B. parler très bien l'anglais.

☐ C. être étudiant(e) en anglais.

❺ Vous n'êtes pas libre du mardi au jeudi, et vous n'avez aucune expérience dans la restauration. Vous devez contacter …   1,5 point

☐ A. Pizzeria Domino.

☐ B. Brasserie le Nord.

☐ C. Restaurant Ponte Vecchio.

EXERCICE 3 | 6 points

Vous lisez cette annonce sur un site Internet français.

Infos & Horaires
— Consignes

Le marathon de Toulouse organisera, le samedi 13 mai 2023, sa 3ème édition. Un parcours de 5km commencera à 15h15 et un de 10km, à 16h. Le départ se situe 5, Avenue Irène Joliot-Curie.

L'inscription se fait en ligne ici : INSCRIPTION

Vous pouvez retirer votre dossard le 6 mai 2023 entre 14h et 18h au 1er étage du magasin « Courir », partenaire de l'évènement. Vous devrez apporter votre pièce d'identité et un certificat médical.

Pour vous rendre au magasin depuis la gare, remontez la rue de Bayard et tournez à droite rue de l'Orient. Prenez la 3ème rue à gauche, jusqu'au boulevard Strasbourg. Puis, tournez à droite. Marchez 10 mètres et vous arriverez à destination (12 minutes de marche).

Répondez aux questions.

❶ Quand aura lieu le marathon de Toulouse ?   1 point
☐ A. le 3 mai.
☐ B. le 6 mai.
☐ C. le 13 mai.

❷ Combien de parcours propose le marathon de Toulouse ?   1 point
☐ A. 2
☐ B. 3
☐ C. 4

❸ Que devez-vous apporter pour retirer votre dossard ?   1 point

    ☐ A. Un justificatif de paiement.

    ☐ B. Un chèque pour le paiement.

    ☐ C. Votre pièce d'identité et un certificat médical.

❹ Pour vous inscrire, que devez-vous faire ?   1 point

    ☐ A. Envoyer un courriel.

    ☐ B. Venir sur place.

    ☐ C. Aller sur Internet.

❺ Quel chemin prendre pour prendre votre dossard ?   2 points

☐ A

☐ B

☐ C

EXERCICE 4 `7 points`

Vous lisez cette annonce sur un site Internet francophone.

Nous avons le plaisir de vous informer que nous organiserons trois camps de ski/snowboard en 2023.

Les destinations seront Zermatt, Crans-Montana et St-Moritz.

Pour le premier, qui aura lieu du 7 au 12 janvier 2023 à Zermatt, les inscriptions sont déjà ouvertes et se termineront le 29 novembre 2022.

Celui à Crans-Montana aura lieu du 4 au 8 février et finalement St-Moritz du 18 au 22 février 2023.

Les inscriptions débuteront le 1er décembre pour Crans-Montana et dès le 15 décembre pour St-Moritz.

Inscription en ligne : INSCRIPTION (aide inscription)

Vous trouverez toutes les informations concernant ces trois camps sur notre site web à l'adresse suivante :

http://unifrance.ch/dife/sports/activites-de-z/camps-sportifs

Une réunion d'information générale aura lieu mardi 8 novembre 2022 à 18h30, salle MR 040.

Les Sports universitaires
Université France

Répondez aux questions.

❶ Combien de destinations proposent les Sports universitaires ?   1 point

   ☐ A. 2.

   ☐ B. 3.

   ☐ C. 4.

❷ Quand le camp de ski à Zermatt aura-t-il lieu ?   2 points

   ☐ A. Du 7 au 12 janvier.

   ☐ B. Du 18 au 22 février.

   ☐ C. Du 1er au 15 décembre.

❸ Comment peut-on s'inscrire ?   1 point

   ☐ A. en ligne.

   ☐ B. lors de la séance d'information.

   ☐ C. au bureau des Sports universitaires.

❹ Pour participer au camp à Zermatt, on peut s'y inscrire …   1,5 point

   ☐ A. avant le 29 novembre.

   ☐ B. du 1er au 15 décembre.

   ☐ C. à partir du 15 décembre.

❺ Le mardi 8 novembre, il y aura …   1,5 point

   ☐ A. une réunion d'information.

   ☐ B. une réunion d'inscription.

   ☐ C. une réunion sportive.

Production écrite 25 points

EXERCICE 1 10 points

Vous avez mal aux dents. Vous allez chez le dentiste. Vous remplissez ce formulaire de première visite.

Formulaire de première visite

1	Nom : _____	1 point
2	Prénom : _____	1 point
3	Date de naissance : _____	1 point
4	Adresse : _____	2 points
5	Adresse électronique : _____	1 point
6	Dernière visite chez le dentiste ?	
	_____	2 points
7	Depuis quand avez-vous mal aux dents ?	
	_____	2 points

EXERCICE 2 15 points

Vous répondez à vos amis par e-mail : vous acceptez l'invitation, vous annoncez votre arrivée et ce que vous pouvez apporter (40 mots minimum).

De : Charlotte et Jules
À : XXXXX

Chers amis,
Nous organisons une soirée dansante chez nous le 14 juillet, à partir de 21 heures.
Chacun est gentiment invité à apporter quelque chose à manger. Merci de nous dire avant le 30 juin si vous serez présent.
Amicalement
Charlotte et Jules

Production orale [25 points]

L'épreuve se déroule en trois parties : un entretien dirigé, un échange d'informations et un dialogue simulé (ou jeu de rôle). Elle dure de 5 à 7 minutes. Vous disposez de 10 minutes de préparation pour les parties 2 et 3 (échange d'information et dialogue simulé).

▌ENTRETIEN DIRIGÉ (1 minute environ)

Vous répondez aux questions de l'examinateur sur vous, votre famille, vos goûts ou vos activités (exemples : comment vous appelez-vous ? Quelle est votre nationalité ?, etc.).

▌ÉCHANGE D'INFORMATIONS (2 minutes environ)

Vous voulez connaître l'examinateur. Vous lui posez des questions à l'aide des mots écrits sur les cartes. Vous ne devez pas obligatoirement utiliser le mot, vous pouvez poser une question sur le thème.
Exemple : avec la carte «situation familiale», vous pouvez poser la question «Est-ce que vous êtes marié(e) ?».

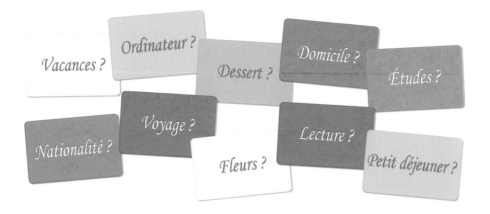

▌DIALOGUE SIMULÉ (2 minutes environ)

Vous tirez au sort 2 sujets. Vous en choisissez un. Vous jouez la situation proposée. Vous vous informez sur le prix des produits que vous voulez acheter ou commander.

Vous demandez les quantités souhaitées. Pour payer, vous disposez de photos de pièces de monnaie et de billets.

N'oubliez pas de saluer et d'utiliser des formules de politesse.

Sujet 1 Dans un magasin de chaussures

Vous habitez à Strasbourg. Vous voulez acheter des chaussures pour une soirée au bal la semaine prochaine. Vous allez dans un magasin de chaussures pour demander des informations. Vous choisissez une paire de chaussures et vous payez.

L'examinateur joue le rôle du vendeur.

Sujet 2 Au marché

Vous êtes à Dijon. Vous voulez aller faire des courses au marché. Vous allez demander les prix et achetez des fruits.

L'examinateur joue le rôle du vendeur.

n^o2　模擬試験問題

PARTIE 1

Compréhension de l'oral 25 points

Ministère de l'éducation nationale, Centre international d'études pédagogiques, DELF niveau A1 du *Cadre européen commun de référence pour les langues*, épreuve orale collective.

Vous allez écouter plusieurs documents. Il y a 2 écoutes. Avant chaque écoute, vous entendez le son suivant : 🔊.

Dans les exercices 1, 2, 3 et 5, pour répondre aux questions, cochez (☒) la bonne réponse.

EXERCICE 1   4 points

Lisez les questions. Écoutez le document puis répondez.
Vous écoutez le message suivant sur votre répondeur téléphonique.

❶ Qui parle ? 　　　　　　　　　　　　　　　　　　　　1 point
- ☐ A. Votre petite sœur.
- ☐ B. Votre tante.
- ☐ C. Votre mère.

❷ Elle vous demande … 　　　　　　　　　　　　　　　1 point
- ☐ A. d'aller à Marseille.
- ☐ B. de récupérer un billet de train.
- ☐ C. de réserver un billet d'avion.

❸ À Marseille, elle va … 　　　　　　　　　　　　　　1 point
- ☐ A. au commissariat de police.
- ☐ B. chez Françoise.
- ☐ C. à l'hôpital.

❹ Quand veut-elle se rendre à Marseille ? 　　　　　1 point
- ☐ A. Mercredi.
- ☐ B. Vendredi.
- ☐ C. Dimanche.

EXERCICE 2 `4 points` 14

Lisez les questions. Écoutez le document puis répondez.
Vous êtes en France. Vous entendez cette annonce dans un magasin.

❶ Il s'agit de la promotion de … `1 point`

☐ **A**

☐ **B**

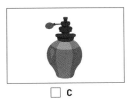
☐ **C**

❷ Ce nouveau produit est … `1 point`
  ☐ A. pour les enfants.
  ☐ B. pour tout le monde.
  ☐ C. pour les voyages.

❸ La promotion dure … `1 point`
  ☐ A. pendant 10 jours.
  ☐ B. jusqu'au dimanche prochain.
  ☐ C. jusqu'à samedi.

❹ Si vous en achetez deux, … `1 point`
  ☐ A. il y a une réduction de 3 euros.
  ☐ B. vous pouvez obtenir le moitié prix.
  ☐ C. le troisième est gratuit.

EXERCICE 3 `4 points` 15

Lisez les questions. Écoutez le document puis répondez.
Vous écoutez le message suivant sur votre répondeur téléphonique.

❶ Demain, où devez-vous aller ? `1 point`

☐ **A**

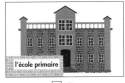
☐ **B**

☐ **C**

❷ La réunion aura lieu à …   1 point
- ☐ A. 14 heures.
- ☐ B. 15 heures.
- ☐ C. 16 heures.

❸ Qu'est-ce que Monsieur Gaudin demande ?   1 point
- ☐ A. D'attendre à la salle de réunion.
- ☐ B. D'attendre à la cantine.
- ☐ C. D'apporter le questionnaire.

❹ Pour entrer dans le bâtiment, il faut …   1 point
- ☐ A. montrer votre carte d'identité.
- ☐ B. appuyer sur le bouton rouge.
- ☐ C. frapper à la porte d'entrée.

EXERCICE 4 `8 points` 16

Vous allez entendre quatre petits dialogues correspondant à quatre situations différentes. Il y a 15 secondes de pause après chaque dialogue. Notez, sous chaque image, le numéro du dialogue qui correspond. Puis vous allez entendre à nouveau les dialogues. Vous pouvez compléter vos réponses. Regardez les images. Attention, il y a six images (A, B, C, D, E et F) mais seulement quatre dialogues. `2 points par réponse`

image A	image B	image C

Situation n°_____   Situation n°_____   Situation n°_____

image D	image E	image F
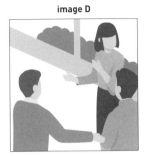		
Situation n°_____	Situation n°_____	Situation n°_____

EXERCICE 5 5 points 17

Vous allez entendre un message. Quels objets sont donnés dans le message ?
Vous entendez le nom de l'objet ? Cochez (☒) oui. Sinon, cochez (☒) non. Puis vous
allez entendre à nouveau le message. Vous pouvez compléter vos réponses.

1 point par réponse

❶

A. Oui. B. Non.
  ☐   ☐

❷

A. Oui. B. Non.
  ☐   ☐

❸

A. Oui. B. Non.
  ☐   ☐

❹

A. Oui. B. Non.
  ☐   ☐

❺

A. Oui. B. Non.
  ☐   ☐

Compréhension des écrits [25 points]

Pour répondre aux questions, cochez (☒) la bonne réponse.

EXERCICE 1 [6 points]

Vous êtes en France. Vous recevez ce message dans votre casier au bureau.

Lundi 5 juin 2023

Chères et chers collègues,

Nous avons décidé de réunir quelques collègues de travail à l'occasion d'une soirée en l'honneur de la fête de la musique du jeudi 22 juin : au Pois Gourmands (Salle de location : Rue Louis Lumière), à partir de 19h30.
N'hésitez pas à venir avec un instrument. Merci d'apporter des boissons.

Merci également de nous faire savoir si vous serez présent(e) avant le 15 juin !

À très bientôt !
Kevin et Romain

Répondez aux questions.

❶ Ce message est une invitation pour quoi ?   1 point

☐ A. Une soirée.

☐ B. Un concert.

☐ C. Une conférence.

❷ Vous êtes invité(e) quand ?   1 point

☐ A. Le 5 juin.

☐ B. Le 15 juin.

☐ C. Le 22 juin.

❸ Cette soirée commence à … 1 point
   ☐ A. 19h00.
   ☐ B. 19h30.
   ☐ C. 20h30.

❹ Pour qui est ce message ? 1,5 point
   ☐ A. Les amis.
   ☐ B. Les clients.
   ☐ C. Les collègues.

❺ Vous devez venir avec quoi ? 1,5 point
   ☐ A. Des boissons.
   ☐ B. Un instrument de musique.
   ☐ C. Des desserts.

EXERCICE 2 やや難 6 points

Vous êtes à Paris et vous cherchez du travail. Vous lisez ces annonces dans un journal.

(A)

Restaurant il Salento

cherche une femme de ménage (pour l'été) : horaires de midi à 15 heures. Merci de me contacter par téléphone.

Tél. : 06 85 81 38 63.

(B)

Corner LUXE

cherche un(e) vendeur / vendeuse d'accessoires en boutique à plein temps. La maîtrise de l'anglais courant est obligatoire. Contact: CV indispensable à l'adresse : 11 rue Vignon, 75009 Paris

(C)

L'agence EVELYA

recrute des hôtes et hôtesses d'accueil pour un événement le mercredi 7 juin 2023 au Palais des Congrès Porte Maillot à partir de 11h00. Veuillez-vous présenter sur place avec votre CV : 2 rue de Miromesnil, 75008, Paris.

(D)

Boulangerie du Palais

cherche un(e) boulanger / boulangère de métier. Temps complet 35h / semaine, du jeudi au lundi inclus. Place disponible de suite.

Tél. : 01 42 08 57 44.

(E)

La famille Leblanc

cherche une personne de confiance, pour aller chercher notre enfant à l'école 3 jours par semaine (hors mercredi), 16h00-19h00, de septembre à juin,

Tél. : 01 45 83 00 54.

Répondez aux questions.

❶ Pour l'annonce [D], vous devez être disponible combien de jours par semaine ?

1 point

☐ A. 2 jours.

☐ B. 4 jours.

☐ C. 5 jours.

❷ Vous n'êtes pas libre de 8h au 15h du lundi au jeudi. Qui contactez-vous ?

1,5 point

☐ A. Restaurant il Salento.

☐ B. L'agence EVELYA.

☐ C. La famille Leblanc.

❸ Pour l'annonce [B], que devez-vous envoyer ?   1 point

  ☐ A. Votre CV.

  ☐ B. Votre lettre de recommandation.

  ☐ C. Votre carte d'identité.

❹ Quelle annonce propose un travail pour l'été ?   1 point

  ☐ A. Restaurant il Salento.

  ☐ B. Corner Luxe.

  ☐ C. L'agence EVELYA.

❺ Pour l'annonce [C], vous devez …   1,5 point

  ☐ A. aller au Miromesnil 2 rue de Miromesnil.

  ☐ B. aller au Palais des Congrès Porte Maillot.

  ☐ C. envoyer votre C.V.

Vous êtes en France. Vous recevez cette fiche de l'école élémentaire où va votre enfant.

MAIRIE DE PARIS

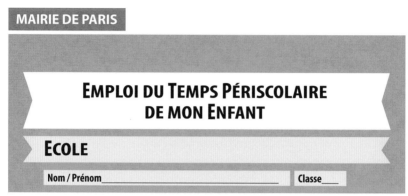

EMPLOI DU TEMPS PÉRISCOLAIRE DE MON ENFANT

ECOLE

Nom / Prénom_____ Classe____

	LUNDI	MARDI	MERCREDI	JEUDI	VENDREDI
⟶ Merci de cocher la case des activités auxquelles votre enfant participera chaque jour de la semaine dans le tableau.	Classe	Classe	Classe	Classe	Classe
	11h30 Cantine ☐ 13h30	11h30 Cantine ☐ 13h30	11h30 Cantine ☐ 13h30	11h30 Cantine ☐ 13h30	11h30 Cantine ☐ 13h30
	Classe	Classe		Classe	Classe
Ce document vaut autorisation de sortie de l'école	16h30	15h Ateliers ☐ 16h30	Centre de loisirs ☐	16h30	15h Ateliers ☐ 16h30
	Ateliers bleus ☐ 18h	Ateliers bleus ☐ 18h	18h	Ateliers bleus ☐ 18h	Ateliers bleus ☐ 18h

Date :
Compte Facil'familles n° :
Signature du parent :

 ABSENCES exceptionnelles   Si votre enfant est exceptionnellement absent aux activités périscolaires, merci de bien vouloir impérativement le signaler au directeur d'école.

Répondez aux questions.

❶ Qui doit remplir cette fiche ?　　　　　　　　　　1 point
　　☐ A. Votre enfant.
　　☐ B. Vous.
　　☐ C. L'instituteur de votre enfant.

❷ Le mardi, les classes finissent à quelle heure ?　　　1 point
　　☐ A. À 13h30.
　　☐ B. À 15h.
　　☐ C. À 16h30.

❸ Le mercredi, les classes finissent à quelle heure ?　　1 point
　　☐ A. À 11h30.
　　☐ B. À 13h30.
　　☐ C. À 18h.

❹ Si vous voulez que votre enfant déjeune à l'école, où est-ce que votre enfant déjeune ?　　　　　　　　　　　　　　　　　　1 point
　　☐ A. En classe.
　　☐ B. À la cantine.
　　☐ C. Au centre de loisirs.

❺ Aujourd'hui, votre enfant est malade, et ne peut pas aller à l'école. Vous devez le signaler …　　　　　　　　　　　　　　2 points
　　☐ A. au directeur de l'école.
　　☐ B. à l'instituteur de votre enfant.
　　☐ C. au maire de Paris.

Vous êtes à l'entrée principale de la gare et cherchez le nouveau « Salon Grand Voyageur ». Vous lisez le panneau suivant.

SALON SNCF GRAND VOYAGEUR DE LYON

VOTRE SALON GRAND VOYAGEUR VOUS ACCUEILLE

Du lundi au jeudi, de 05h40 à 20h45
Le vendredi, de 6h00 à 20h15
Le week-end & jours fériés, de 07h00 à 20h00

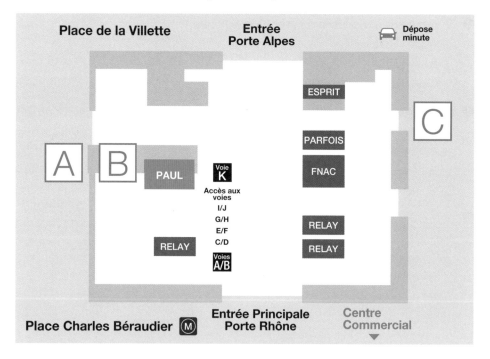

Depuis la Place Charles Béraudier — (Porte Rhône)

Allez tout droit le long des accès aux voies et tournez sur votre gauche après la Brasserie Paul pour sortir de la gare en direction du «Salon».

Depuis la Place de la Villette ———— (Porte Alpes)

Allez tout droit et tournez dans la première allée sur votre droite pour sortir de la gare en direction du «Salon».

Dans le Salon Grand Voyageur, vous pouvez profiter agréablement de votre temps d'attente. Il y a trois espaces : un espace d'accueil, un espace de travail et un espace de détente :

- accédez au WIFI gratuitement
- consultez la presse du jour
- accédez à des chargeurs mobiles
- regardez les informations françaises sur France 24

Répondez aux questions.

❶ Le nouveau «Salon Grand Voyageur» est ouvert …   1 point

☐ A. le samedi à 6h00.

☐ B. le mercredi à 20h30.

☐ C. le dimanche à 20h15.

❷ Dans le «Salon Grand Voyageur», vous pouvez …   1,5 point

☐ A. accéder gratuitement à Internet.

☐ B. acheter des téléphones portables.

☐ C. acheter des boissons.

❸ Quel est le chemin pour aller au «Salon Grand Voyageur» depuis l'entrée principale (porte Rhône) ?   1,5 point

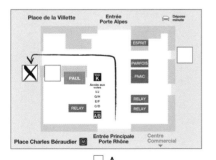 ☐ A

 ☐ B

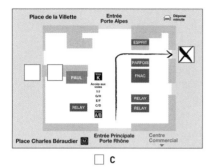

☐ **C**

❹ À quelle heure le salon ouvre-t-il le samedi matin ?   1 point
  ☐ A. 5h40.
  ☐ B. 6h30.
  ☐ C. 7h00.

❺ Quel jour est-ce que le salon est fermé ?   2 points
  ☐ A. Le dimanche.
  ☐ B. Les jours fériés.
  ☐ C. Ouvert toute l'année.

Production écrite 25 points

EXERCICE 1 10 points

Vous allez louer une voiture à l'aéroport. Remplissez le formulaire à l'agence de location de voitures.

1 Nom : _____	1 point
2 Prénom : _____	1 point
3 Date de naissance: _____	1 point
4 Nationalité : _____	1 point
5 Profession : _____	2 points
6 Quand avez-vous besoin d'une voiture ? (JJ/MM/AA)	
_____	2 points
7 Combien de jours allez-vous louer une voiture ?	
_____	2 points

EXERCICE 2 15 points

Vous êtes Nicolas. Vous répondez à vos amis par e-mail : vous acceptez l'invitation, vous félicitez leur mariage, et annoncez votre arrivée (40 mots minimum).

De :	Juliette
À :	Nicolas

Cher Nicolas,

Nous comptons sur ta présence lors du repas qui sera servi à l'issue de la cérémonie du mariage, à la salle des fêtes de la Passerelle (14e) à partir de 20 heures. Réponse souhaitée avant le 15 mars.

Amicalement.

Juliette et Bruno

Production orale   [25 points]

L'épreuve se déroule en trois parties : un entretien dirigé, un échange d'informations et un dialogue simulé (ou jeu de rôle). Elle dure de 5 à 7 minutes. Vous disposez de 10 minutes de préparation pour les parties 2 et 3 (échange d'information et dialogue simulé).

ENTRETIEN DIRIGÉ (1 minute environ)

Vous répondez aux questions de l'examinateur sur vous, votre famille, vos goûts ou vos activités (exemples : comment vous appelez-vous ? Quelle est votre nationalité ?, etc.).

ÉCHANGE D'INFORMATIONS (2 minutes environ)

Vous voulez connaître l'examinateur. Vous lui posez des questions à l'aide des mots écrits sur les cartes. Vous ne devez pas obligatoirement utiliser le mot, vous pouvez poser une question sur le thème.
Exemple : avec la carte «situation familiale», vous pouvez poser la question «Est-ce que vous êtes marié(e) ?».

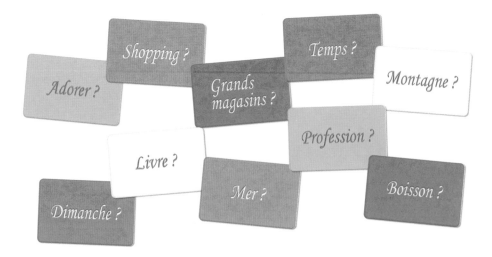

DIALOGUE SIMULÉ (2 minutes environ)

Vous tirez au sort 2 sujets. Vous en choisissez un. Vous jouez la situation proposée. Vous vous informez sur le prix des produits que vous voulez acheter ou commander.
Vous demandez les quantités souhaitées. Pour payer, vous disposez de photos de pièces de monnaie et de billets.
N'oubliez pas de saluer et d'utiliser des formules de politesse.

Sujet 1 Dans un hôtel

Vous arrivez à l'hôtel à Nice. Vous demandez une chambre pour 1 ou 2 personnes. Vous ne commandez pas de petit déjeuner. Vous demandez le prix et vous payez.

L'examinateur joue le rôle de l'employé à l'accueil.

Sujet 2 À la boulangerie

Vous habitez en France. Avant d'aller au travail, vous allez acheter le petit déjeuner à la boulangerie. Vous commandez quelque chose de manger et une boisson. Vous demandez l'addition et vous payez.

L'examinateur joue le rôle du boulanger.

PARTIE 1

Compréhension de l'oral [25 points] ¹⁸

Ministère de l'éducation nationale, Centre international d'études pédagogiques, DELF niveau A1 du *Cadre européen commun de référence pour les langues*, épreuve orale collective.

Répondez aux questions en cochant (⊠) la bonne réponse, ou en écrivant l'information demandée.

▌EXERCICE 1 [4 points] ⌒¹⁹

Vous allez entendre 2 fois un document. Il y a 30 secondes de pause entre les 2 écoutes puis vous avez 30 secondes pour vérifier vos réponses. Lisez les questions.
Vous allez à Bordeaux en train. Répondez aux questions.

❶ À quelle heure part le train ?   2 points

_____

❷ Le train part voie :   2 points
  ☐ numéro 5.
  ☐ numéro 8.
  ☐ numéro 18.

▌EXERCICE 2 [5 points] ⌒²⁰

Vous allez entendre 2 fois un document. Il y a 30 secondes de pause entre les 2 écoutes puis vous avez 30 secondes pour vérifier vos réponses. Lisez les questions.
Vous écoutez ce message sur votre répondeur. Répondez aux questions.

❶ Laurent propose :   2 points
  ☐ d'aller au restaurant avec vous.
  ☐ de vous amener à l'hôtel.
  ☐ de venir à l'hôtel.

❷ Le train arrive à quelle heure à la gare ? 1 point
- ☐ 9h35.
- ☐ 18h05.
- ☐ 19h35.

❸ Complétez son numéro de téléphone. 1 point

07 79 (　　) 15 21.

❹ À qui parle Laurent ? 1 point
- ☐ À une fille.
- ☐ À un garçon.
- ☐ On ne sait pas.

EXERCICE 3 6 points 21

Vous allez entendre 2 fois un document. Il y a 30 secondes de pause entre les 2 écoutes puis vous avez 30 secondes pour vérifier vos réponses. Lisez les questions.

Vous entendez ce message sur votre répondeur. Répondez aux questions.

❶ On vous propose quel poste ? 1 point
- ☐ Serveur / Serveuse.
- ☐ Secrétaire.
- ☐ Vendeur / Vendeuse.

❷ Il faut répondre avant quand ? 1 point
- ☐ Avant jeudi, 17 heures.
- ☐ Avant jeudi, 18 heures.
- ☐ Tout de suite.

❸ Quel document est-ce que vous devez envoyer ? 2 points

_____

❹ Par quel moyen est-ce que vous devez envoyer ce document ? 2 points
- ☐ Envoyer par la poste.
- ☐ Envoyer par e-mail.
- ☐ Déposer sur le site internet.

EXERCICE 4 | 10 points | 22

Vous allez entendre 5 petits dialogues correspondant à 5 situations différentes. Il y a 15 secondes de pause après chaque dialogue. Notez, sous chaque image, le numéro du dialogue qui correspond. Puis vous allez entendre à nouveau les dialogues et pouvez compléter vos réponses. Regardez les images. Attention, il y a 6 images (A, B, C, D, E et F) mais seulement 5 dialogues.

| 2 points par réponse |

image A

Situation n°_____

image B

Situation n°_____

image C

Situation n°_____

image D

Situation n°_____

image E

Situation n°_____

image F

Situation n°_____

Compréhension des écrits 25 points

Répondez aux questions en cochant (☒) la bonne réponse, ou en écrivant l'information demandée.

EXERCICE 1 10 points

Vous êtes en France.
Vous recevez cette carte.

> Nous avons le plaisir de vous annoncer
>
> *le mariage de*
> ## *Sandra et Julien*
>
> le samedi 24 juin
> Nous vous attendons pour le repas à 20 heures,
> au Château de Gilly
> 34 Avenue Françoise Giroud
> 21000 Dijon
>
> Merci de nous confirmer votre présence avant le 23 mai.

❶ Qui a écrit cette carte ?   2 points

_____

❷ Quel jour est le mariage ?   3 points

_____

❸ Cette carte est une invitation à :   2 points
  ☐ une cérémonie de mariage.
  ☐ un repas après le mariage.
  ☐ un repas d'anniversaire.

❹ Vous devez répondre avant …   3 points

_____

Vous cherchez un studio pour une personne, d'un loyer de moins de 800 euros / mois. Vous voulez déménager tout de suite (nous sommes en mai).
Vous lisez ces annonces. Répondez aux questions.

(A)

PARIS 3ème arrondissement

Appartement 2 chambres. Cuisine entièrement équipée. 2 salles de bain, salon, parking, Internet-WiFi, téléphone, balcon, climatisation / chauffage, premier étage, 61m². 1450 euros / mois.

Tél. : 01 71 32 66 91.

(B)

PARIS 14ème arrondissement

Très beau studio dans le 14ème. Libre dès juillet. Pas sérieux s'abstenir. 600 euros / mois. Cordialement.

Tél. : 01 45 83 00 51.

(C)

PARIS 15ème arrondissement

Charmant studio de 17m² située dans le 15ème, proche du métro Charles Michels et Balard, à proximité des commerces. Il est équipé d'un coin cuisine, d'un réfrigérateur, d'une douche et de toilettes. Disponible de suite. 750 euros / mois.

Tél. : 01 77 14 69 98.

(D)

PARIS 16ème arrondissement

Grand studio moderne composé d'une grande pièce et d'un balcon de 18m² sur un jardin.
Cuisine partiellement équipée d'éléments neufs. Salle de bain équipée avec baignoire et toilettes. Studio calme au 6ème étage avec ascenseurs. 1250 euros / mois.

Tél. : 01 73 74 77 02.

❶ À quel numéro téléphonez-vous ? _____ 1 point

❷ Quel est le prix du loyer ? _____ 1 point

❸ Quelle est la surface du logement ? _____ 2 points

EXERCICE 3 [5 points]

Vous venez de recevoir ce courriel. Répondez aux questions.

De : PressingMontepellier@courriel.fr

Objet : fermeture exceptionnelle (magasin Comédie)

Chers clients,

Nous vous informons que votre magasin Comédie sera fermé les 5, 6 et 7 décembre 2023. Le magasin ouvrira à nouveau le 9 décembre.
Cette fermeture est due à des travaux de rue qui bloqueront le boulevard Louis Blanc.
Nous sommes désolés de ce contretemps et vous remercions de votre compréhension. Nos magasins de Gambetta et d'Antigone vous accueilleront pendant la période de fermeture à Comédie.

Cordialement,
Montpellier Pressing

---

❶ Pour qui est ce message ?   1 point
- [ ] Les vendeurs.
- [ ] Les clients.
- [ ] Les employés.

❷ La réouverture du magasin sera …   1 point
- [ ] le 5 décembre.
- [ ] le 7 décembre.
- [ ] le 9 décembre.

❸ La fermeture du magasin est en raison …   1 point
- [ ] des travaux de rue.
- [ ] des travaux du bâtiment.
- [ ] de la fête du quartier.

❹ Pendant la fermeture, où pouvez-vous faire votre pressing ? 2 points

_____

Vous lisez cette annonce sur un site Internet français. Répondez aux questions.

Vos prochains rendez-vous culturels

Activités culturelles de l'Université François-Rabelais < culture@unifr.fr >

Cours et activités culturelles

QUOI

Près de 30 cours de danse, de musique ou de théâtre …
des activités qui éveilleront votre curiosité
et qui enrichiront votre expérience à l'UNIFR !

OÙ, QUAND ET COMMENT

Cours d'essai sans frais jusqu'au 28 septembre,
puis le 2 et le 11 octobre.

Ensuite, inscriptions en ligne.

Toutes les infos sur culture.unifr.fr

---

❶ Combien d'activités propose l'université ?   2 points

(   ) activités.

❷ L'université propose   2 points

☐ **A**   ☐ **B**   ☐ **C**

❸ Quand peut-on s'inscrire à ces rendez-vous culturels ?   2 points

☐ jusqu'au 28 septembre.

☐ après le 12 octobre.

☐ le 2 octobre.

Production écrite   25 points

EXERCICE 1   10 points

Vous remplissez ce
formulaire d'inscription
à l'école de français.

FICHE D'INSCRIPTION	
Nom : _____	1 point
Prénom : _____	1 point
Date de naissance : _____	1 point
Nationalité : _____	1,5 point
Adresse en France : _____	1,5 point
_____	
Votre numéro de portable : _____	1 point
Adresse électronique : _____	1,5 point
Depuis combien de temps étudiez-vous le français ?	1,5 point
_____	

EXERCICE 2   15 points

Vous êtes en visite à Paris pour la première fois. Vous écrivez à votre ami français. Vous racontez ce que vous avez déjà vu et ce que vous allez visiter. (40 mots minimum).

_____

_____

_____

_____

_____

_____

_____

_____

Production orale ☐ 25 points

L'épreuve se déroule en trois parties : un entretien dirigé, un échange d'informations et un dialogue simulé (ou jeu de rôle). Elle dure de 5 à 7 minutes. Vous disposez de 10 minutes de préparation pour les parties 2 et 3 (échange d'information et dialogue simulé).

▌ ENTRETIEN DIRIGÉ (1 minute environ)

Vous répondez aux questions de l'examinateur sur vous, votre famille, vos goûts ou vos activités (exemples : comment vous appelez-vous ? Quelle est votre nationalité ? etc.).

▌ ÉCHANGE D'INFORMATIONS (2 minutes environ)

Vous voulez connaître l'examinateur. Vous lui posez des questions à l'aide des mots écrits sur les cartes. Vous ne devez pas obligatoirement utiliser le mot, vous pouvez poser une question sur le thème.
Exemple : avec la carte «situation familiale», vous pouvez poser la question «Est-ce que vous êtes marié(e) ?».

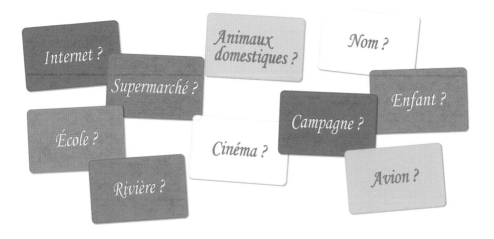

▌ DIALOGUE SIMULÉ (2 minutes environ)

Vous tirez au sort 2 sujets. Vous en choisissez un. Vous jouez la situation proposée.
Vous vous informez sur le prix des produits que vous voulez acheter ou commander.
Vous demandez les quantités souhaitées. Pour payer, vous disposez de photos de
pièces de monnaie et de billets.
N'oubliez pas de saluer et d'utiliser des formules de politesse.

Sujet 1 Dans un magasin d'appareils électriques

Vous venez d'emménager dans votre nouvel appartement à Rennes. Vous allez
dans un magasin d'électroménager pour acheter des appareils électriques. Vous
demandez des informations. Vous choisissez 1 ou 2 article(s) et vous payez.

L'examinateur joue le rôle du vendeur.

Sujet 2 Dans un café

Vous êtes à Lyon en hiver. Vous entrez dans un café. Vous commandez une boisson
chaude. Vous demandez l'addition et vous payez.

L'examinateur joue le rôle du serveur.

n^o4 模擬試験問題

PARTIE 1

Compréhension de l'oral 25 points

Ministère de l'éducation nationale, Centre international d'études pédagogiques, DELF niveau A1 du *Cadre européen commun de référence pour les langues*, épreuve orale collective.

Répondez aux questions en cochant (☒) la bonne réponse, ou en écrivant l'information demandée.

EXERCICE 1 4 points

Vous allez entendre 2 fois un document. Il y a 30 secondes de pause entre les 2 écoutes puis vous avez 30 secondes pour vérifier vos réponses. Lisez les questions. Répondez aux questions.

❶ Le numéro du train est :   2 points

   77(   )

❷ À quelle heure part le train ?   2 points

   ☐ 18h00.

   ☐ 18h20.

   ☐ 18h40.

EXERCICE 2 5 points

Vous allez entendre 2 fois un document. Il y a 30 secondes de pause entre les 2 écoutes puis vous avez 30 secondes pour vérifier vos réponses. Lisez les questions. Vous écoutez ce message sur votre répondeur. Répondez aux questions.

❶ Quand Jean-François était-il à Paris ?   1 point

   ☐ le mois dernier.

   ☐ la semaine dernière.

   ☐ l'année dernière.

❷ Qu'est-ce qu'il a oublié ? 1 point

_____

❸ Où devez-vous récupérer cet objet ? 2 points

_____

❹ L'adresse de l'hôtel est (   ) Avenue de Tourville. 1 point

▌EXERCICE 3 `6 points` 26

Vous allez entendre 2 fois un document. Il y a 30 secondes de pause entre les 2 écoutes puis vous avez 30 secondes pour vérifier vos réponses. Lisez les questions.

Vous travaillez en tant que secrétaire. Votre directeur vous laisse un message sur votre répondeur téléphonique. Répondez aux questions.

❶ Où était le directeur quand il a laissé ce message ? 1 point
- ☐ À l'aéroport.
- ☐ Au bureau.
- ☐ À la banque.

❷ Le directeur arrivera au bureau 1 point
- ☐ à 9 heures.
- ☐ à 10 heures.
- ☐ à 11 heures.

❸ À 11h, le directeur aura rendez-vous avec qui ? 2 points

_____

❹ Qu'est-ce que vous devez annuler ? 2 points

_____

Vous allez entendre 5 petits dialogues correspondant à 5 situations différentes. Il y a 15 secondes de pause après chaque dialogue. Notez, sous chaque image, le numéro du dialogue qui correspond. Puis vous allez entendre à nouveau les dialogues et pouvez compléter vos réponses. Regardez les images. Attention, il y a 6 images (A, B, C, D, E et F) mais seulement 5 dialogues.

image A

Situation n°_____

image B

Situation n°_____

image C

Situation n°_____

image D

Situation n°_____

image E

Situation n°_____

image F

Situation n°_____

Compréhension des écrits   25 points

Répondez aux questions en cochant (⊠) la bonne réponse, ou en écrivant l'information demandée.

EXERCICE 1   10 points

Vous êtes en France.
Vous recevez cette lettre. Vous allez accepter l'invitation.

Salut,   le 10 mai 2023

Elodie et moi, nous serions heureux de t'accueillir dans notre maison de campagne le week-end de la Pentecôte (le 28 mai cette année). Ce serait pour nous l'occasion de nous retrouver après tant de temps ! On pourra faire du vélo ensemble comme avant ! Et j'ai invité quelqu'un dont il faut absolument que tu fasses la connaissance.
Notre maison est toute proche de la Vallée Grasse, au nord de Cannes.

Si tu es disponible, merci de nous répondre avant le 21 mai.
J'espère que ta réponse sera positive et je t'embrasse.

Ton ami Anthony

---

❶ Qui a écrit cette lettre ?   2 points

_____

❷ Qu'est-ce qu'on propose ?   2 points
  ☐ Un week-end entre amis.
  ☐ Un week-end entre les membres de famille.
  ☐ Une course de vélo à la campagne.

❸ Combien de personnes seront à leur maison ?   2 points
   ☐ 3 personnes.
   ☐ 4 personnes.
   ☐ 5 personnes.

❹ Où se situe leur maison de campagne ?   2 points

_____

❺ Vous devez répondre avant ...   2 points
   ☐ le 10 mai.
   ☐ le 21 mai.
   ☐ le 28 mai.

▌ EXERCICE 2   `4 points`

Vous cherchez un appartement ou une maison à la montagne pour 4 personnes, avec un budget de moins de 800 euros / semaine.
Vous lisez ces annonces. Répondez aux questions.

(A)

CHARTRES

Maison ancienne restaurée pour 4 à 6 personnes. Offrez-vous des vacances en pleine campagne, à 10 minutes du centre historique de Cartres. 750 euros / mois.

Tél. : 05 53 22 16 16.

(B)

LE CAP D'AGDE

Au pied de la plage du Môle, très joli studio pour 2 personnes. Grand parking public gratuit à proximité. 300€ / semaine.

Tél. : 04 67 01 04 05.

(C)

LE PUY-SAINTE-REPARADE

Notre maison pour 4 à 8 personnes. 4 chambres avec piscine. L'emplacement de notre maison, à la montagne, au nord du département des Bouches du Rhône vous permettra de découvrir les trésors culturels et naturels de notre région. Le prix de 950€ / semaine est très avantageux pour 4 personnes.

Tél. : 04 42 61 82 36.

(D)

SAINT MAURICE SUR MOSELLE

Chalet en bois, 400 euros la semaine, situé à 650m d'altitude au cœur du massif des Vosges, avec vue panoramique sur le village, la vallée, et la montagne. Composition du chalet (pour 3 à 6 personnes) : Cuisine équipée, salon, 3 chambres, 1 salle de bain (douche) et 2 WC.

Tél. : 03 29 61 50 05.

❶ À quel numéro téléphonez-vous ? (   )   2 points

❷ Quel est le prix d'une semaine de location ? (   )   1 point

❸ Il y a combien de chambres ?   1 point

☐ 1.   ☐ 2.   ☐ 3.   ☐ 4.

EXERCICE 3 `5 points`

Vous venez de recevoir ce courriel. Répondez aux questions.

De : Daddemenagement@courriel.fr

Objet : devis de déménagement

Bonjour Monsieur,

Comme convenu lors de notre entretien téléphonique d'aujourd'hui, veuillez trouver ci-dessous votre devis de déménagement et la proposition de nettoyage.

Frais STANDARD	– 650 euros (5 heures).
Offre NETTOYAGE d'appartement (option)	– 20 euros / heure
Offre NETTOYAGE de vitre (option)	– 25 euros / heure

Je suis disponible pour un rendez-vous si vous le souhaitez.
Si vous êtes d'accord avec cette proposition, veuillez-nous le confirmer par mail avant ce vendredi.
Si vous avez des questions, je reste à votre entière disposition à cette adresse mail.

Très bonne journée et meilleures salutations,

M. Da Silva Pedro
Délégué Commercial
DAD Déménagement
+ 01 73 12 13 13 / + 06 07 61 56 22
dad-demenagement.fr   info@dad-demenagement.fr

❶ Qui écrit ce message ?   1 point

☐ Le personnel du pressing.

☐ Le déménageur.

☐ Le commerçant.

❷ Combien est le prix de base proposé ?   1 point

☐ 650 euros.

☐ 670 euros.

☐ 695 euros.

❸ Si vous demandez le déménagement avec un nettoyage de vitre pendant 5 heures, vous devez payer …   2 points

☐ 675 euros.

☐ 750 euros.

☐ 775 euros.

❹ Pour confirmer la proposition, vous devez …   1 point

☐ répondre par e-mail.

☐ appeler au 01 73 12 13 13.

☐ appeler au 06 07 61 56 22.

Vous lisez cette annonce sur un site Internet français. Répondez aux questions.

Un océan de curiosités...

À travers 800m² d'exposition dans un lieu spécial,
venez découvrir plus de 300 espèces aquatiques du monde entier !

Vous y croiserez de célèbres spécimens de nos rivières,
des espèces d'eau douce venues de loin, des reptiles
aquatiques, des poissons tropicaux aux multicouleurs ...

+ de 300 espèces

160 000 litres d'eau

L'Aquarium est ouvert 7J/7 de 10h30 à 18h
(fermeture de la caisse à 17h30)

INFOS ET CONTACT
Aquarium du Limousin
2 boulevard Gambetta 87000 LIMOGES
Tél. 05 55 33 42 11   Fax. 05 55 33 47 78
E-mail : aquariumdulimousin@gmail.com

Animations du jour

❶ Combien d'espèces aquatiques pouvez-vous découvrir ?   2 points

(   )

❷ Vous pouvez voir   2 points

☐ A   ☐ B   ☐ C

❸ Avant quand faut-il entrer dans l'aquarium ?   2 points

☐ Avant 17 heures.

☐ Avant 17 heures 30.

☐ Avant 18 heures.

Production écrite 25 points

EXERCICE 1 10 points

Vous allez demander votre Visa de courte durée. Remplissez ce formulaire.

Demande de Visa Schengen

Ce formulaire est gratuit

1 Nom : _____   1 point

2 Prénom : _____   1 point

3 Date de naissance (jour-mois-année) : _____   1 point

4 Lieu de naissance : _____   1 point

5 Pays de naissance : _____   1 point

6 Nationalité : _____   1 point

7 Sexe : XXXXXXXXXXXXXXXXXX

8 Etat Civil : _____   1 point

9 Profession actuelle : _____   1 point

10 Nom, adresse et numéro de téléphone de l'employeur.
     Pour les étudiants, adresse de l'établissement d'enseignement :

     _____   2 points

     _____

EXERCICE 2 15 points

Vous allez faire un barbecue dans un grand parc en banlieue avec vos amis. Vous écrivez à votre ami Philippe pour l'inviter à ce barbecue. Vous lui demandez d'apporter quelque chose. (40 mots minimum).

_____

_____

_____

_____

Production orale 25 points

L'épreuve se déroule en trois parties : un entretien dirigé, un échange d'informations et un dialogue simulé (ou jeu de rôle). Elle dure de 5 à 7 minutes. Vous disposez de 10 minutes de préparation pour les parties 2 et 3 (échange d'information et dialogue simulé).

ENTRETIEN DIRIGÉ (1 minute environ)

Vous répondez aux questions de l'examinateur sur vous, votre famille, vos goûts ou vos activités (exemples : comment vous appelez-vous ? Quelle est votre nationalité ?, etc.).

ÉCHANGE D'INFORMATIONS (2 minutes environ)

Vous voulez connaître l'examinateur. Vous lui posez des questions à l'aide des mots écrits sur les cartes. Vous ne devez pas obligatoirement utiliser le mot, vous pouvez poser une question sur le thème.
Exemple : avec la carte «situation familiale», vous pouvez poser la question «Est-ce que vous êtes marié(e) ?».

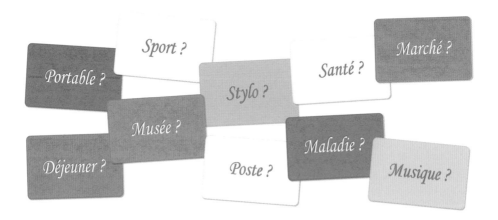

▐ DIALOGUE SIMULÉ (2 minutes environ)

Vous tirez au sort 2 sujets. Vous en choisissez un. Vous jouez la situation proposée. Vous vous informez sur le prix des produits que vous voulez acheter ou commander.

Vous demandez les quantités souhaitées. Pour payer, vous disposez de photos de pièces de monnaie et de billets.

N'oubliez pas de saluer et d'utiliser des formules de politesse.

Sujet 1 Chez un fleuriste

Vous habitez dans une famille d'accueil à Montpellier. Vous allez acheter des fleurs pour l'anniversaire de la mère de votre famille d'accueil. Vous allez chez un fleuriste pour demander des informations. Vous choisissez un bouquet de fleurs et vous payez.

L'examinateur joue le rôle du fleuriste.

Sujet 2 Dans un grand magasin

Vous êtes à Bordeaux en été. Vous allez dans un grand magasin pour acheter des vêtements. Vous demandez des informations. Vous choisissez 1 ou 2 vêtements et vous payez.

L'examinateur joue le rôle du vendeur.

PARTIE 1

Compréhension de l'oral   25 points

Ministère de l'éducation nationale, Centre international d'études pédagogiques, DELF niveau A1 du *Cadre européen commun de référence pour les langues,* épreuve orale collective.

Répondez aux questions en cochant (☒) la bonne réponse, ou en écrivant l'information demandée.

EXERCICE 1   4 points   29

Vous allez entendre 2 fois un document. Il y a 30 secondes de pause entre les 2 écoutes puis vous avez 30 secondes pour vérifier vos réponses. Lisez les questions.
Vous allez à Toulouse en train. Répondez aux questions.

❶ À quelle heure part le train ?   2 points

❷ Le train part voie :   2 points
   ☐ numéro 3.
   ☐ numéro 7.
   ☐ numéro 9.

EXERCICE 2   5 points   30

Vous allez entendre 2 fois un document. Il y a 30 secondes de pause entre les 2 écoutes puis vous avez 30 secondes pour vérifier vos réponses. Lisez les questions.
Vous écoutez ce message sur votre répondeur. Répondez aux questions.

❶ Qui parle ?   1 point

_____

❷ Elle vous demande   1 point
   ☐ de récupérer son colis.
   ☐ de récupérer votre colis.
   ☐ d'aller à la poste.

❸ Vous pouvez aller chez elle ?   1 point

  ☐ demain matin.

  ☐ demain après-midi.

  ☐ demain soir.

❹ Elle va à Rennes pour faire quoi ?   2 points

  _____ .

EXERCICE 3   6 points   31

Vous allez entendre 2 fois un document. Il y a 30 secondes de pause entre les 2 écoutes
puis vous avez 30 secondes pour vérifier vos réponses. Lisez les questions.
Vous entendez ce message sur votre répondeur. Répondez aux questions.

❶ C'est …   1 point

  ☐ une publicité pour une voiture.

  ☐ une demande de réparation.

  ☐ un message du garage.

❷ Qui parle ?   1 point

  ☐ Un ami.

  ☐ Un garagiste.

  ☐ Un collègue.

❸ Il vous demande de …   2 points

  ☐ venir au garage entre 9h et 18h.

  ☐ louer une voiture.

  ☐ rendre la voiture prêtée.

❹ Quel numéro devez-vous appeler ?   2 points

  01 43 (   ) (   ) (   )

Vous allez entendre 5 petits dialogues correspondant à 5 situations différentes. Il y a 15 secondes de pause après chaque dialogue. Notez, sous chaque image, le numéro du dialogue qui correspond. Puis vous allez entendre à nouveau les dialogues et pouvez compléter vos réponses. Regardez les images. Attention, il y a 6 images (A, B, C, D, E et F) mais seulement 5 dialogues.

`2 points par réponse`

image A

Situation n°_____

image B

Situation n°_____

image C

Situation n°_____

image D

Situation n°_____

image E

Situation n°_____

image F

Situation n°_____

Compréhension des écrits [25 points]

Répondez aux questions en cochant (⊠) la bonne réponse, ou en écrivant l'information demandée.

▌ EXERCICE 1 [10 points]

Vous êtes en France.
Vous recevez ce document.

Salut !

Je suis en vacances chez ma cousine Emma qui habite à Montréal au Canada. Je m'amuse beaucoup.
Je vais au lac, je fais du vélo et je joue au tennis.
Avec Emma, nous sommes en train de déjeuner dans un délicieux petit restaurant à la montagne. Demain nous allons visiter un château.
Je reviens en avion à Paris lundi soir. Si tu as le temps, tu peux m'appeler ?

Même loin, je pense à toi.
À très vite !
Bisous.

Camille

❶ Qu'est-ce que c'est ?   2 points
☐ Une carte postale.
☐ Un courriel.
☐ Une publicité.

❷ Où est Camille ?   2 points

_____

❸ Qu'est-ce qu'elle est en train de faire ?   2 points

   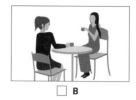   

☐ A   ☐ B   ☐ C

❹ Quand est-ce que Camille rentre à Paris ?   2 points
   ☐ Samedi.
   ☐ Dimanche.
   ☐ Lundi.

❺ Camille vous demande de lui …   2 points
   ☐ téléphoner.
   ☐ écrire une carte.
   ☐ écrire un e-mail.

EXERCICE 2   5 points

Vous êtes en France. Vous avez un enfant, et vous cherchez un appartement avec au moins 2 pièces au centre-ville à Lyon. Vous lisez ces annonces sur Internet. Répondez aux questions.

(A)

Appartement, 3 pièces, 64m², Lyon 8ème : 3 pièces, 2 chambres, surface 64m^2

Bel appartement T3 dans résidence récente et quartier calme. À proximité de tous commerces, école et mairie. À 5 minutes à pied d'un arrêt de bus et de 2 lignes de tramway. Loyer : 890€ / mois charges comprises.

Tél. : 06 52 61 44 59.

(B)

Studio, 18m², Lyon 3ème : 1 pièce, surfaces 18m^2

Studio 18m², 5 minutes à pied du métro, cuisine équipée, digicode, 440€ / mois charges comprises (dont l'eau).

Tél. : 06.61.81.40.08.

(C)

Maison, 107m², Rillieux-La-Pape : 4 chambres, surface 107m^2

Bus à 50m et à 5 min de la gare de Crépieux-la-Pape (15 min en train pour aller au centre-ville de Lyon). À l'extérieur, une grande terrasse, jardin avec très belle vue. École maternelle 10 min à pied. Loyer : 1.490€ charges comprises

Tél. : 06 63 60 10 62.

(D)

Appartement, 2 pièces, 38m² **Villeurbanne :** 1 chambre, surface 38m²

Superbe T2, proche des commerces. Cuisine semi équipée avec plaque vitrocéramique, L'appartement se situe au centre-ville de Villeurbanne. Loyer : 640€ / mois charges comprises.

Tél. : 06 71 17 83 87.

❶ À quel numéro téléphonez-vous ?   (   )   1 point

❷ Quel est le prix d'un mois de location ?   (   )   2 points

❸ Il y a combien de chambres ?   2 points
  ☐ 1.   ☐ 2.   ☐ 3.   ☐ 4.

Vous travaillez à l'hôpital en France. Vous venez de recevoir ce courriel. Répondez aux questions.

De : Eric.Girard@hopital.fr

Objet : rencontre avec le Président Directeur Général

À l'attention des salariés de l'hôpital.

Le docteur Gauthier, Président Directeur Général vous présentera après-demain la stratégie de l'hôpital.
Rendez-vous après-demain, mercredi 20 juin, dans la salle 201 à 20h.
Ce sera une belle occasion d'échanger sur les perspectives de l'hôpital !

Nous comptons sur votre présence.
Bonne journée à tous.
Eric Girard

---

❶ À qui est destiné ce message ?   1 point
   ☐ Aux médecins.
   ☐ Aux patients.
   ☐ Aux salariés.

❷ Où aura lieu la rencontre ?   1 point
   ☐ Dans la salle 201.
   ☐ À la cafétéria.
   ☐ Dans la salle de conférence.

❸ Quand aura lieu la rencontre ?   1 point
   ☐ ce soir.
   ☐ demain.
   ☐ après-demain.

❹ Qu'est-ce que le Président Directeur Général présentera ?   2 points

_____

EXERCICE 4 `5 points`

Vous lisez cette annonce sur un site Internet français. Répondez aux questions.

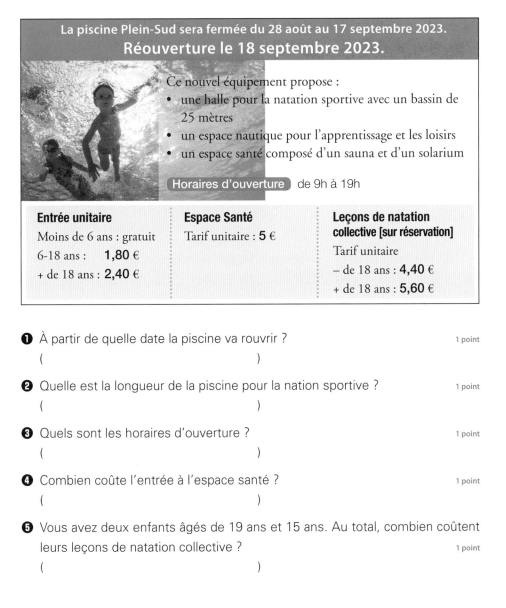

La piscine Plein-Sud sera fermée du 28 août au 17 septembre 2023.
Réouverture le 18 septembre 2023.

Ce nouvel équipement propose :
- une halle pour la natation sportive avec un bassin de 25 mètres
- un espace nautique pour l'apprentissage et les loisirs
- un espace santé composé d'un sauna et d'un solarium

Horaires d'ouverture de 9h à 19h

Entrée unitaire	**Espace Santé**	**Leçons de natation collective [sur réservation]**
Moins de 6 ans : gratuit	Tarif unitaire : **5 €**	Tarif unitaire
6-18 ans : **1,80 €**		– de 18 ans : **4,40 €**
+ de 18 ans : **2,40 €**		+ de 18 ans : **5,60 €**

❶ À partir de quelle date la piscine va rouvrir ?   1 point

( )

❷ Quelle est la longueur de la piscine pour la nation sportive ?   1 point

( )

❸ Quels sont les horaires d'ouverture ?   1 point

( )

❹ Combien coûte l'entrée à l'espace santé ?   1 point

( )

❺ Vous avez deux enfants âgés de 19 ans et 15 ans. Au total, combien coûtent leurs leçons de natation collective ?   1 point

( )

PARTIE 3

Production écrite 25 points

EXERCICE 1 10 points

Vous remplissez ce formulaire pour avoir une carte de fidélité d'un supermarché.

Bulletin d'adhésion : Carte de fidélité

1 Nom : _____ 1 point

2 Prénom : _____ 1 point

3 Date de naissance: _____ 2 points

4 Adresse : _____ 2 points

   *Votre adresse nous permettra de vous contacter, notamment
   en cas de retour produit.

5 E-mail : _____ 1 point

6 Profession : _____ 2 points

7 Combien de fois par semaine faites-vous des achats au
   supermarché ? : _____ 1 point

EXERCICE 2 15 points

Vous êtes en vacances à Avignon en juillet. Vous écrivez une carte postale à un(e) ami(e) français(e). (40 mots minimum).

_____

_____

_____

_____

_____

_____

_____

_____

Production orale [25 points]

L'épreuve se déroule en trois parties : un entretien dirigé, un échange d'informations et un dialogue simulé (ou jeu de rôle). Elle dure de 5 à 7 minutes. Vous disposez de 10 minutes de préparation pour les parties 2 et 3 (échange d'information et dialogue simulé).

ENTRETIEN DIRIGÉ (1 minute environ)

Vous répondez aux questions de l'examinateur sur vous, votre famille, vos goûts ou vos activités (exemples : comment vous appelez-vous ? Quelle est votre nationalité ?, etc.).

ÉCHANGE D'INFORMATIONS (2 minutes environ)

Vous voulez connaître l'examinateur. Vous lui posez des questions à l'aide des mots écrits sur les cartes. Vous ne devez pas obligatoirement utiliser le mot, vous pouvez poser une question sur le thème.
Exemple : avec la carte «situation familiale», vous pouvez poser la question «Est-ce que vous êtes marié(e) ?».

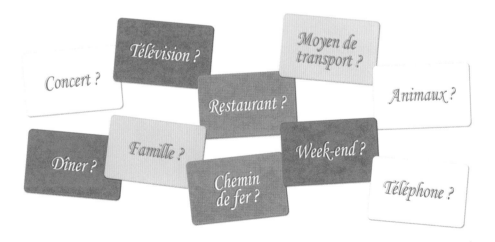

Vous tirez au sort 2 sujets. Vous en choisissez un. Vous jouez la situation proposée. Vous vous informez sur le prix des produits que vous voulez acheter ou commander.

Vous demandez les quantités souhaitées. Pour payer, vous disposez de photos de pièces de monnaie et de billets.

N'oubliez pas de saluer et d'utiliser des formules de politesse.

Sujet 1 Dans une boulangerie-pâtisserie

Vous venez de trouver une boulangerie-pâtisserie recommandée par un de vos amis à Lyon. Vous entrez dans cette boulangerie-pâtisserie. Vous commandez quelque chose. Vous demandez l'addition et vous payez.

L'examinateur joue le rôle du serveur.

Sujet 2 Dans un magasin pour animaux de compagnie / une animalerie.

Vous allez habiter dans une maison en France. Vous voulez avoir un animal de compagnie. Vous allez dans un magasin pour animaux de compagnie (dans une animalerie) pour demander des informations. Vous choisissez 1 animal de compagnie et vous payez.

L'examinateur joue le rôle du vendeur.

DELF A1

n^o1　模擬試験問題 解答・解説

PARTIE 1

聴解　Compréhension de l'oral

国民教育省，国際教育研究センター．「ヨーロッパ共通参照枠組み」のA1レベル・DELF，口頭試験〔共通〕

いくつかの録音文を聞いてください．それぞれ2回ずつ読まれます．それぞれの録音文の直前に，効果音（「タラララン」）が流れます．Exercice 1, 2, 3, 5 では，正しい答えに⊠をつけてください．

EXERCICE 1　　4 points

〔設問と解説〕

設問を読んでください．録音文を聞いてから答えてください．

あなたは，留守番電話に残された次のメッセージを聞いています．

❶「ユゴーは今どこにいますか」　という設問に，A.「映画館」，B.「オペラ座」，C.「カフェ（喫茶店）」から C. を選びます．

❷「映画のタイトルは何ですか」という設問です．正解は C.『猿の惑星』です．他の選択肢はそれぞれ A.『赤い惑星』，B.『惑星 51』．

❸ 設問は「映画は…に始まります」．C.「21h30」を聞き取りましょう．

❹ 設問は「ユゴーは何を求めていますか」．メッセージの最後で「電話をかけ直してくれる？」と言っていますから B.「彼（＝ユゴー）に電話をかけ直す」を選びます．他の選択肢はそれぞれ A.「カフェに行く」（ユゴーから見ると「カフェに来る venir」），C.「映画館で待つ」です．

〔スクリプト〕

Salut ! C'est Hugo. Je suis maintenant avec Chloé et Luca dans un café à Saint-Paul, près de Bastille. Ça te dit d'aller voir un film ensemble ? Le film « La planète des singes » passe en ce moment au cinéma. Ça va commencer à 21h30. Tu peux me rappeler, s'il te plaît ? À plus tard !

やあ！ユゴーだよ．今，バスティーユの近く，サン＝ポールのカフェでクロエとルカと一緒なんだ．これから僕たちと一緒に映画を観に行かない？今映画館で『猿の惑星』をやってるんだ．21 時半に始まるよ．電話をかけ直してくれる？後でね！

解 答　1 point par réponse

❶ C.　　　　❷ C.　　　　❸ C.　　　　❹ B.

語 彙

□ dire 気に入る，興味をそそる ＊ ça vous (te) dit de ＋不定詞 ～する気はありますか（ある）？
□ rappeler 再び電話する，電話をかけ直す □ À plus tard! また後で！

EXERCICE 2 [4 points]

〔設問と解説〕

　設問を読んでください．録音を聞いてから答えてください．

　あなたはフランスにいます．電車の中で次のアナウンスが流れます．

❶「このメッセージは乗客に…を求めています」．A.「ヴァランスで乗り換えること」が正解です．他の選択肢はそれぞれ B.「アヴィニョンで降りること」，C.「ヴァランスでバスに乗ること」です

❷「（電車の）遅れは…です」．A.「25 分」が正解です．

❸「遅れの原因は何ですか」．En raison de neige「雪のため」を聞き取り，A. を選びます．

❹「TER の 6171 号は…出発します」．選択肢はそれぞれ A.「20 分後に」，B.「10 時 30 分に」，C.「5 番ホームから」です．B. が正解です．

〔スクリプト〕

Mesdames et Messieurs, votre attention s'il vous plaît. En raison de la neige, ce train TGV numéro 6191 (six mille cent quatre-vingt-onze) est déjà retardé de 25 minutes. En plus, ce train ne peut pas continuer jusqu'à Avignon. Veuillez changer pour le train TER 6171 (six mille cent soixante et onze) à Valence. Le départ de ce train est prévu au quai 3 à 10h30. Nous vous prions de nous excuser pour ce retard.

　皆様，ご注目ください．雪のため，この TGV・6191 号はすでに 25 分遅れています．さらに，この列車はアヴィニョンまで運行できなくなりました．ヴァランスで TER の 6171 号にお乗り換えください．その列車は 3 番ホームから 10:30 に発車する予定です．お待たせして申し訳ございませんでした．

解 答 1 point par réponse

❶ A.　　　❷ A.　　　❸ A.　　　❹ B.

語 彙

□ en raison de ～ ～の理由で
　＊類義表現には grâce à ～ ～のおかげで（プラスのニュアンス），à cause de ～ ～のせいで（マイナスのニュアンス）などがあり，en raison de ～ は中立のニュアンス
□ Veuillez ＋不定詞 ～してください（丁寧な依頼の言い回し）　＊ veuillez は動詞 vouloir の命令法・現在.
□ prévu 予定された

EXERCICE 3 `4 points`

〔設問と解説〕

設問を読んでください．録音を聞いてから答えてください．

あなたは，留守番電話に残された次のメッセージを聞いています．

❶ 設問「**このメッセージを残したのは誰ですか**」．B.「社長の秘書」を選びます．他の選択肢はそれぞれ A.「あなたの秘書」，C.「空港の従業員」です．

❷ 設問「**あなたの都合が良い場合，ミーティングには何時に行きますか**」．irez は動詞 aller の未来形．当初の予定の 9 時に社長が来れないので，午後 1 時に変更するという状況です．C. を選びます．

❸ 設問「**この時間割の変更は…のせいです**」．正解は A.「飛行機の遅れ」です．他の選択肢はそれぞれ B.「自動車事故（交通事故）」，C.「道路の渋滞」です．dû (due) à 〜「〜に起因する，〜による」．

❹ 設問「**彼女はあなたに…ことを求めています**」．B.「朝の 8 時までに彼女に折り返し電話する」が正解です．他の選択肢はそれぞれ A.「午後 1 時に彼女に電話する」，C.「テキストメッセージを送る」です．SMS は Short Message Service の略で男性名詞 texto とも言います．

〔スクリプト〕

Bonjour, Madame Alexia Morin au téléphone, secrétaire de Madame la directrice. La directrice ne peut pas venir à la réunion ce matin à 9 heures à la salle 210 en raison du retard de son avion. Nous allons donc déplacer la réunion à 13 heures. Êtes-vous disponible ? La réunion doit durer environ 30 minutes. Pouvez-vous me rappeler avant 8 heures ? Merci.

もしもし，社長の秘書，アレクシア・モランです．今朝 9 時からの 210 会議室でのミーティングに，社長は飛行機の遅れのせいで来られなくなりました．そのため，ミーティングを午後 1 時に変更させていただきます．あなたは来られますか．ミーティングは 30 分程度です．午前 8 時までに折り返し電話してください．ありがとうございます．

解 答 1 point par réponse

❶ B.　　❷ C.　　❸ A.　　❹ B.

語 彙

□ directeur (directrice) 社長　directeur général の意味．
  cf. directeur commercial 営業部長，directeur du personnel 人事部長
□ déplacer 〜を移動させる／〜の日時を動かす　　□ disponible 手の空いた，暇な
□ un embouteillage 交通渋滞 ＊類義語に un bouchon (de circulation) があります
□ rappeler 電話をかけ直す

〔設問と解説〕

　4つの異なる状況に対応する4つの短い対話を聞いてください．それぞれの対話の後に15秒あります．それぞれのイラストの下に，対応する対話の番号を記入してください．それから，もう一度対話を聞いて，答えを完成させてください．イラストを見てください．

〔注意 ☞〕イラストは6枚ですが（A, B, C, D, E, F），対話は4つしかありません．

　録音された対話を聞いて，それぞれの対話に対応するイラストを選ぶ問題です．

❶ 数学の授業の開始時刻を尋ねている場面です．イラスト D. を選びます．

❷ 建物内で，男性用トイレの場所を尋ねている場面です．イラスト C. を選びます．

❸ 試験期間についての会話です．イラスト F. を選びます．

❹（情報処理の）授業で，コンピューターの不具合について先生に尋ねている場面です．Voyons voir は「どれどれ」という意味の会話表現で，何かをこれから検討するという場合に使われます．イラスト A. を選びます．

〔会話文〕

【対話 1】

— Jules, à quelle heure commence le cours de mathématique ?
　— ジュール，数学の授業は何時から始まるの？

— À deux heures.
　— 2 時だよ．

— Quelle heure est-il maintenant ?
　— 今，何時？

— Il est deux heures moins le quart.
　— 2 時 15 分前だよ．

— Merci. À tout à l'heure.
　— ありがとう．また後でね．

【対話 2】

— Excusez-moi. Où sont les toilettes pour hommes ?
　— すみません．男性用トイレはどこですか？

— Ah, les toilettes des hommes sont au premier étage, au fond du couloir.
　— 男性用トイレは 2 階の廊下の突きあたりにありますよ．

— Merci beaucoup.
　— ありがとうございます．

【対話 3】

— Sophie, quand est-ce que tes examens vont commencer ?
　— ソフィー，試験はいつから始まるの？

— Ils ont déjà commencé. J'ai passé deux examens la semaine dernière. J'en ai encore un cette semaine, et ensuite j'aurai fini.

　　— もう始まってるわ．先週は試験が 2 つあったの．今週あと 1 回で，終わりよ．

　— Bon courage.

　　— 頑張って．

【対話 4】

　— Excusez-moi. Mon ordinateur ne fonctionne pas très bien.

　　— すみません．コンピューターの調子がおかしいのですが…．

　— Voyons voir. Eh … Essayez de redémarrer l'ordinateur.

　　— どれどれ．コンピューターを再起動してみてください．

　— D'accord.

　　— 分かりました．

解 答　2 points par réponse

| image A **Situation n°4** | image B **Situation ×** | image C **Situation n°2** |
| image D **Situation n°1** | image E **Situation ×** | image F **Situation n°3** |

EXERCICE 5　5 points

〔設問〕

　メッセージを聞いてください．そのメッセージの中で，どのような物 (objet) が言及されていますか．

　物の名前が聞き取れたら，「はい」にチェックを入れてください．そうでない場合は「いいえ」にチェックを入れてください．その後，もう一度メッセージを聞いて，解答を完成させてください．

〔解説〕

　夫の帰りが遅くなるので，妻に買い物を頼むという状況です．

　卵 (œuf) は「ウフ」と発音しますが，複数形 (œufs) は f を発音せず「ウ」となり，des œufs は「デズ」となります．

　papier は複数形で「身分証明書」の意味がありますが，夫が頼んでいるのは du papier toilette (= papier hygiénique, papier de toilette)「トイレットペーパー」です．ちなみにトイレットペーパーのロールを数える時は，un rouleau (deux rouleaux) de papier de toilettes「トイレットペーパー 1 巻き（2 巻き）」となります．

　glace au citron はレモン味のアイスクリーム．果物のレモン citron を買ってきてとは言っていません．

〔スクリプト〕

Allô ? C'est Philippe. Je vais rentrer un peu tard ce soir. Est-ce que tu peux faire les courses après ton travail, s'il te plaît. Achète des œufs, et du papier toilette.

Ensuite, j'aimerais bien de la glace au citron pour le dessert. Merci.

　もしもし？フィリップだけど，今夜はちょっと遅くなりそうなんだ．君の仕事が終わったら，買い物をしてくれない？卵とトイレットペーパーを買ってくれる？それから，デザートにレモン味のアイスクリームを食べたいな．ありがとう．

| 解答 | 1 point par réponse |

❶ B.　　❷ A.　　❸ A.　　❹ B.　　❺ A.

PARTIE 2

読解 Compréhension des écrits

指示にしたがって次の設問に答えてください（選択式は正解に ⊠ 印）．

EXERCICE 1　6 points

〔設問と解説〕
あなたはフランスにいます．郵便受けにこの文書が入っていました．

こんにちは．
昨晩，私の息子とその友達が大音量で音楽を演奏して，あなた方を何回も起こしてしまったと聞きました．本当にごめんなさい．きっと建物の遮音が悪いと思います．彼らに今後，夜の 11 時以降は，（バンドの）練習をしないように言います．もうあなた方に迷惑をかけないと思います．よい一日を．
サンドリーヌ

---

❶ 設問「このメッセージは誰が書きましたか」．内容から B.「隣人」を選びます．A.「大家」，C.「管理人」は言及されていません．

❷「このメッセージはあなたに何を伝えていますか？」という設問です．「本当にごめんなさい」と謝っているので，A.「感謝」，B.「謝罪」，C.「要望」の中から「謝罪」を選びます．女性名詞 excuse は複数形で「謝罪」，単数形で「言い訳」の意味になります．

❸ 設問「夜に騒音を出したのは誰ですか」．B.「隣人の息子とその友達」が正解です．他の選択肢はそれぞれ，A.「隣人」，C.「通りの人達」です．

❹ 設問「どんな種類の騒音でしたか」に，3 つのイラストから選んで答えてください．二人の少年がバンドの練習をしているイラスト C. を選びます．

❺「なぜ騒音が聞こえましたか」という設問です．C.「遮音が不十分だから」が正解です．他の選択肢はそれぞれ A.「二人の少年が言い争ったから」，B.「アパルトマンが小さすぎるから」です．

語 彙

□ l'isolation sonore　遮音 (isolation acoustique [phonique])
　cf. l'isolation thermique　断熱，保温
□ répéter　ここでは「～の練習〔稽古〕をする」という意味

EXERCICE 2　6 points

〔設問と解説〕

　3行広告を読み，設定された要望に適したものを選ぶ問題です。

　あなたはフランスにいて，仕事を探しています。新聞で以下の3行広告を読みました。設問に答えてください。

❶ 設問「**あなたは夜は時間が空いています。誰に連絡しますか**」。主に夜の勤務 (service du soir essentiellement) という条件が記された C. を選びます。

❷ 設問「**(2) に応募するには，…をしなくてはなりません**」。C.「履歴書を送る」を選びます。他の選択肢の A.「電話する」，B.「志望動機書を送る」は言及されていません。

❸ 設問「**(3) のレストランで働くには，週に何日勤務しなくてはなりませんか**」。Du lundi au vendredi（月曜から金曜）とありますから，週に5日間です。la restauration はここでは「外食産業，レストラン業」という意味ですが，「修復／復興」という意味もあります。(la) candidature は「応募／立候補」です。

❹ 設問「**広告 (4) のために，あなたは～必要があります**」。選択肢はそれぞれ A.「イギリス国籍をもっている」，B.「英語を上手に話せる」，C.「英語学の学生である」です。広告文中の Maîtrise parfaite de l'anglais「英語を完璧にマスターしていること」に該当するのは B. です。女性名詞 maîtrise はここでは「技術・知識などのマスター，習熟」という意味です。

❺ 設問「**あなたは火曜から木曜まで体が空いていません。また，外食産業での経験もありません。あなたは…に連絡します**」。週末だけの勤務で，経験不問のピザ屋「ドミノ」を選ぶことができます。ちなみに，contacter ～「～と連絡を取る」が前置詞をとらない点に注意（ex. contacter Pierre「ピエールと連絡を取る」）。

〔各広告の訳〕

(1)　ピザ屋「ドミノ」は週末（10～22時）に働ける従業員を探しています。話せる言語をはっきり知らせてください。7月1日までに 04 72 71 71 69 へ電話してください。

(2)　ブラスリー「ル・ノール」は，外食産業で少なくとも2年以上の経験をもつウェー

ター（ウェートレス）を探しています．写真を貼った履歴書を，7月15日までに，15 Rue Neuf, 69002, Lyon へ送ってください．

(3) レストラン「ル・ミュゼ」は，伝統的なレストランで経験を積んだ（最低3年）料理人を探しています．月〜金，9〜22時．応募は，adeko@rhapply.com 迄．

(4) レストラン「ポンテ・ヴェッキオ」は，ウェーターまたはウェートレスを探しています．勤務時間は10〜15時，17〜23時（木曜〜月曜）です．英語を流暢に話せなくてはなりません．7月10日までに 04 78 37 71 11 まで電話してください．

(5) レストラン「オー・デュック・ド・ラ・シャペル」は料理人を探しています．主に夜の勤務です．17時30分〜午前1時45分．週5日勤務．parismerveilles@rhapply.com 迄至急応募してください（8月1日まで）．

解答 1. 2. 3. [1 point] / 4. 5. [1,5 point]

❶ C.   ❷ C.   ❸ C.   ❹ B.   ❺ A.

語彙

□ **disponible** 手の空いた，仕事のない，暇な
□ **diplômé(e)** 免状を取得した／高等教育を修了した ＊派生語の le diplôme は「免状，免許」
□ **CV** curriculum vitæ「履歴（書）」の略

EXERCICE 3 6 points

〔設問と解説〕
あなたはフランスのウェブサイトでこの広告を読んでいます．

インフォメーション・タイムテーブル — 注意事項
2023年5月13日（土）に第3回トゥールーズ・マラソン大会が開催されます．5kmコースは15時15分，10kmコースは16時にスタートします．スタート地点は 5, Avenue Irène Joliot-Curie です．
【オンライン登録はこちらからどうぞ】
　2023年5月6日，14時〜18時の間に，イベントパートナーのお店「Courir」の2階でゼッケンをお受け取りください．その際に身分証明書と健康診断書が必要です．
　駅からお店までは，Rue de Bayard を上り，Rue de l'Orient で右折してください．3つ目の道を左折し，Boulevard Strasbourg まで進みます．その後，右折してください．10m歩くと目的地に到着です（徒歩12分）．

質問に答えてください．

本問は，マラソン大会の情報を読み取る問題です．

❶「**トゥールーズ・マラソンはいつ開催されますか**」という設問です．選択肢はそれぞれ「5月3日」，「5月6日」，「5月13日」で，冒頭の文章から C. を選びます．

❷「**トゥールーズ・マラソンにはコースがいくつありますか**」という設問です．5km と 10km の 2 コースです．

❸「**ゼッケンを受け取る際に必要なものは何ですか**」という設問です．選択肢はそれぞれ「支払い証明書」，「支払いのための小切手」，「身分証明書と健康診断書」です．C. が正解です．

❹「**大会に登録するには何が必要ですか**」という設問です．選択肢はそれぞれ「メールを送る」，「会場に直接行く」，「インターネットを使う」です．「オンライン登録はこちらから」という記述がありますから，C. を選びます．

❺「**ゼッケンの受け取り場所はどこですか**」という設問です．広告の最後にある説明文から B. を選びます．

解答	1. 2. 3. 4. [1 point] / 5. [2 points]

❶ C.　　❷ A.　　❸ C.　　❹ C.　　❺ B.

語彙

□ parcours　道のり／（スポーツの）コース　　□ se faire ...　〜で行われる，なされる
□ retirer　ここでは「〜を引き取る／引き出す」の意味
　ex. retirer de l'argent à la banque　銀行でお金を下ろす
□ dossard　（スポーツの）ゼッケン，背番号　　□ se rendre ＋場所　〜へ行く
□ aller sur Internet　インターネットを使う　*cf.* en ligne　オンラインで

EXERCICE 4　7 points

〔設問と設問の和訳〕

　あなたはフランス語のウェブサイトでこの案内を読んでいます．

2023 年にスキー／スノーボードのキャンプが 3 回開催されることをお知らせします．

行き先はツェルマット，クラン＝モンタナ，サンモリッツです．2023 年 1 月 7 日から 12 日まで開かれるツェルマットでのキャンプは，申し込みがすでに始まっていて，2022 年 11 月 29 日に締め切られます．クラン＝モンタナのキャンプは 2023 年 2 月 4 日から 8 日，サンモリッツのキャンプは 2 月 18 日から 22 日まで開かれます．クラン＝モンタナへの申し込みは 12 月 1 日に，サンモリッツへの申し込みは 12 月 15 日から始まります．

オンライン登録：登録（登録のヘルプ）
これら 3 キャンプについての詳細は以下の Web サイトをごらんください.
http://unifrance.ch/dife/sports/activites-de-z/camps-sportifs
2022 年 11 月 8 日（火）午後 6 時 30 分, MR 040 号室で全体説明会が開かれます.
大学スポーツ課
フランス大学

質問に答えてください.

〔解説〕
　Exercice 4 は主に教育・実習についての情報を読み取る問題が出題されるでしょう.
本問は，大学主催のスキーキャンプ案内の読解です.

❶ 設問「**大学のスポーツ課は行く先をいくつ提供していますか**」. ツェルマット，クラン＝モンタナ，サンモリッツの 3 つです.

❷ 設問「**ツェルマットでのスキーキャンプはいつ行われますか**」. A. が正解です.

❸「**申し込みの仕方**」を尋ねる問題です. オンライン登録と書かれているので A.「ネット上で」を選びます. 他の選択肢はそれぞれ B.「説明会で」, C.「スポーツ課の事務室で」です.

❹「**ツェルマットでのキャンプに参加するため**」の申し込み期間を尋ねる問題です. 申し込みはすでに始まっていて，期限は 11 月 29 日と書かれています. A. を選びます. 他の選択肢はそれぞれ B.「12 月 1 日から 15 日まで」, C.「12 月 15 日から」です.

❺ 設問「**11 月 8 日火曜日には，…があります**」. A.「説明会」が正解です. 同じような意味で，une séance d'information もよく使われます. 他の選択肢はそれぞれ B.「登録会」, C.「スポーツ大会」です.

解 答	1. 3. [1 point] / 2. [2 points] / 4. 5. [1,5 point]

❶ B.　　❷ A.　　❸ A.　　❹ A.　　❺ A.

PARTIE 3

文書作成 Production écrite

EXERCICE 1 [10 points]

〔設問と解説〕

　あなたは歯が痛むので歯医者に行きます．初診の申込用紙に必要事項を記入してください．

　Partie 3 は「文書作成（筆記試験）」で，2 つの大問があります．一つ目は，書式に簡単な必要事項を記入する問題です．姓，名，国籍，住所，メールアドレスなどについて準備しておきましょう．DELF・DALF 上位級で問われる résumé（要約）や compte rendu（リポート）への第一歩です．

　ここでは，性，名，誕生日，住所，メールアドレス，最後に歯医者へ行ったのはいつか，いつから歯が痛むのか，が問われています．

　誕生日の日付の書き方ですが，日本語とは順序が逆で，日・月・年になります．2023 年 1 月 22 日ならば，22 janvier 2023 あるいは 22.01.2023 となります．

　（細かいことですが，フランス（ヨーロッパ）での 1 と 7 の書き方はアジアとはやや異なり，下記のようになります．）

　フランスの住所ですが，「番地，通りの名前，郵便番号，町の名前」の順で書きます．
　例 1：3 Rue Daru, 75008, Paris
　例 2：27 Rue Saint-Gervais, 69008, Lyon

解答例　1. 2. 3. 5. [1 point] / 4. 6. 7. [2 points]

1 Nom： Guesmeroli
2 Prénom： Vanessa
3 Date de naissance： le 19 septembre 1978
4 Adresse： 80, Chemin des Fins 74000, Annecy
5 Adresse électronique (= e-mail)： Vanessa.Guesmeroli@annecynet.com
6 Il y a un an.（1 年前）
7 Depuis samedi dernier.（先週の土曜日から）

EXERCICE 2 `15 points`

〔設問と解説〕

　Exercice 2 は，ある状況が設定され，その状況に応じた短い文章を書かせる問題です。**友達からのメールに返信してください。招待を承諾した上で，あなたが来ることと，何を持参できるかについて知らせてください。**（40 語以上）

　このパート（短い作文）の採点基準ですが，以下の点に注意しましょう。

（1）設問に沿って答えているか
（2）解答は与えられた状況と一致しているか
（3）指定の最低文字数をクリアしているか
（4）状況に合った最も基本的な形式を使っているか
（5）話し相手に合った言語使用域を選んでいるか
（6）自分自身，自分の活動について，簡単な文章・表現を書くことができるか
（7）自分の個人的な状況に関する基本的なレパートリーを使うことができるか
（8）基本的ないくつかの単語を綴ることができるか
（9）簡単な文法の構文・形式を，限定的ではあるが使用できるか
（10）「et」や「alors」のような非常に基本的な接続語を用いて，単語（文章）を結びつけることができるか

差出人：シャルロットとジュール
à : XXXXX

皆様へ。
来る 7 月 14 日 21 時から，私たちの家でダンスパーティーを開きます。
各自，何か食べるものを持って来てくれると助かります。出欠を 6 月 30 日までに教えてください。
友情を込めて。
シャルロットとジュール

解答例

Chers Charlotte et Jules,
C'est avec plaisir que j'accepte votre invitation à votre soirée dansante.
J'arriverai vers 21h30, et j'apporterai un gâteau (si j'ai le temps, je le ferai moi-même).
Merci encore pour votre invitation.
À bientôt !
[Votre prénom]

シャルロットとジュールへ.

ダンスパーティーへの招待を喜んでお受けします.

私は 21 時 30 分頃に行きます. ケーキを持って行きます（時間があれば，自分で作ります）.

招待してくれてありがとう.

近いうちに.

（あなたの名前）

語 彙

□ une soirée dansante ダンスパーティー *cf.* une soirée musicale 音楽の夕べ

□ inviter 人 à 不定詞〔文章〕人に〜するように勧める（促す）ここでは（人 Chacun）が主語になり，受け身になっている.

□ amicalement 親しく，親切に ＊手紙の末尾に置いて「友情を込めて」の意味でよく使われる.

□ C'est avec plaisir que 主語＋動詞 表現 avec plaisir「喜んで」が，C'est 〜 que で強調された形.「que 以下が大変喜ばしい」というニュアンス.

▊PARTIE 4

口頭表現（口頭試験） Production orale ｜25 points｜

　Partie 4 は (1) 自己紹介，(2) キーワードを利用した試験官への質問，(3) ロールプレイング の 3 部に分かれています. 最初に試験官から，試験は 3 部に分かれていることが伝えられ，第 2 部で使われるキーワードが記されたカード, 写真あるいはイラスト, 第 3 部で使われる紙幣・硬貨が手渡されます. 受験者は試験前に 10 分間の準備時間があります. この 10 分間で，第 2・第 3 部の準備をします. 試験時間は 5 〜 7 分です.

■ Entretien dirigé [= 第 1 部] 自己紹介

　entretien dirigé の直訳は「一定のシナリオを持った対談」で，試験官がシンプルな質問をすることによって，受験者の自己紹介を誘導します. 受験者は，自分自身,家族, 趣味, 活動などについて話すことを求められます. 質問が分からなかった場合は,試験官が再び助け船を出してくれると思いますが，自分からも「Excusez-moi, vous pouvez répéter, s'il vous plaît ?（すみません. もう一度言ってください.）」と聞き返してみましょう.

面接例 33

Examinateur : Bonjour.

Candidate : Bonjour.

Examinateur : Bienvenue à votre épreuve de production orale du DELF A1. Le premier exercice est un entretien dirigé. Je vous pose des questions pour vous connaître. Ça va ? Est-ce que nous pouvons commencer ?

Candidate : Oui, ça va.

Examinateur : Comment est-ce que vous vous appelez ?

Candidate : Je m'appelle Misaki Itô.

Examinateur : Est-ce que vous pouvez épeler votre nom, s'il vous plaît ?

Candidate : I-T-O.

Examinateur : Et quel âge avez-vous ?

Candidate : J'ai 21 ans.

Examinateur : Quelle est votre nationalité ?

Candidate : Je suis japonaise.

Examinateur : Merci. Combien de frères et sœurs avez-vous ?

Candidate : J'ai un frère et une sœur.

Examinateur : Comment s'appellent-ils ?

Candidate : Mon grand frère s'appelle Daisuke et ma petite sœur s'appelle Mai.

Examinateur : Vous jouez d'un instrument de musique ?

Candidate : Oui.

Examinateur : De quel instrument est-ce que vous jouez ?

Candidate : Je joue du piano.

Examinateur : D'accord. Et vous jouez souvent ?

Candidate : Je prends des cours de piano le mercredi et le samedi.

Examinateur : Merci Misaki. L'exercice 1 est terminé. Nous passons maintenant à l'exercice 2.

面接官： こんにちは.

受験者： こんにちは.

面接官： DELF A1 の口頭試験にようこそ．最初の試験は面接です．あなたのことを知るためにいくつか質問をします．開始してよろしいですか？

受験者： はい.

面接官： お名前は？

受験者： 私は伊藤美咲と言います.

面接官： あなたの名字を区切って言ってくれますか？

受験者： い・と・う

面接官： あなたの年齢は？

受験者： 21 歳です.

面接官： あなたの国籍は？

受験者： 日本国籍です.

面接官： ありがとうございます．兄弟，姉妹はいますか？

受験者： 兄が一人と妹が一人います.

面接官： お二人のお名前は何と言いますか.

受験者： 兄は大介，妹は舞と言います.

面接官： あなたは楽器を弾きますか？

受験者： はい.

面接官：どんな楽器を弾くのですか？
受験者：ピアノを弾きます.
面接官：そうですか. よく弾きますか？
受験者：水曜日と土曜日にレッスンを受けています.
面接官：ありがとう美咲さん. 試験の第1部は終わりました. これから第2部に移りましょう.

■ Échange d'informations [= 第2部] キーワードを利用した試験官への質問(約2分)

試験の第2部は情報交換です. 試験官のことを知るために質問してください.

échange d'informations の和訳は「情報の交換」です. 具体的には受験者側に, 試験官への質問をさせ, その能力を見るという試験です. キーワードが記された5, 6枚のカードを使って行われるので, これらのキーワードを予想して準備しておくことができます.

試験官は, あなたの質問に対して, 簡潔に答えます.

また, 受験者に求められる質問の数は, 試験官が決めます.

質問例 （面接・カードに記された単語） 34

Vacances ヴァカンス	Où est-ce que vous allez pendant les vacances d'été ? / Qu'est-ce que vous faites pendant les vacances ? 　夏のヴァカンスにどこへ行きますか？／ヴァカンス中に何をしますか？
Ordinateur コンピューター	De quelle marque est votre ordinateur ? / Utilisez-vous souvent votre ordinateur ? 　お使いのコンピューターのメーカーは何ですか？／ 　コンピューターをよく使いますか？
Dessert デザート	Qu'est-ce que vous aimez comme dessert ? / Vous commandez souvent un dessert ? 　デザートは何が好きですか？／よくデザートを頼みますか？
Domicile 住居	Où habitez-vous ? / Est-ce que vous travaillez à domicile ? 　どこに住んでいますか？／家で仕事をしますか？
Études 学業	Qu'est-ce que vous étudiez ? / Quels diplômes avez-vous ? 　あなたは何を勉強していますか？／どんな学位を持っていますか？
Nationalité 国籍	Vous êtes de quelle nationalité ? 　あなたの国籍は何ですか？
Voyage 旅行	Où était votre dernier voyage ? / Vous voyagez souvent ? 　あなたの最後の旅行はどこでしたか？／よく旅行しますか？

<table>
<tr><td>

Fleurs

花
</td><td>

Quelles fleurs aimez-vous le plus ? /
Vous offrez des fleurs à votre femme pour son anniversaire ?

一番好きな花は何ですか？／奥さんの誕生日に花を贈りますか？
</td></tr>
<tr><td>

Lecture

読書
</td><td>

Vous aimez la lecture ? / Est-ce que vous lisez souvent ?

読書が好きですか？／よく本を読みますか？
</td></tr>
<tr><td>

Petit déjeuner

朝食
</td><td>

Est-ce que vous prenez un petit déjeuner ? /
Où est-ce que vous prenez votre petit déjeuner ?

朝食を食べますか？／どこで朝食を食べますか？
</td></tr>
</table>

Merci. L'exercice 2 est terminé. Nous passons maintenant à l'exercice 3.

ありがとうございました．試験の第 2 部は終わりました．これから第 3 部に移りましょう．

■ **Dialogue simulé** [= 第 3 部]　ロールプレイング

　受験者はまず 2 つのテーマをくじ引きで選んでください．そのうち 1 つを選んでください．そして，記されたシチュエーションを演じます．面接官が相手の役を演じます．

　設問には，「あなたが買いたい，あるいは注文したい商品の値段について尋ねてください．希望する数量を求めてください．支払いには，硬貨・紙幣の写真を使ってください．」とあります．値段を尋ねる表現，数量を尋ねる表現などを確認しておきましょう．

　また，「その場にふさわしい丁寧な言葉遣いに気を付けてください．」とありますから，基本的な丁寧表現も確認しておいてください．

〔テーマ〕

Sujet 1 靴屋で

　あなたはストラスブールに住んでいます．あなたは来週行われるダンスパーティーのために靴を買いたいと思っています．靴屋へ行き，質問してください．靴を一足選び，代金を支払ってください．

　面接官が売り手の役を演じます．

 35

質問例

Bonjour. Je cherche des chaussures en cuir.

こんにちは．革靴を探しています．

J'hésite entre les chaussures noires et les beiges.

黒い靴とベージュの靴で迷っています．

Je ne suis pas sûr de ma pointure.

靴のサイズをよく覚えていません．

Elles sont un peu trop petites. Mon pied est un peu serré.

この靴は小さすぎます．足がちょっときついです．

Elles coûtent combien ?
この靴はいくらですか？

語 彙

□ chaussures 靴　　　　□ bottes ブーツ　　　　□ sandales サンダル
□ baskets スニーカー　　□ talons hauts ハイヒール

Sujet 2 　市場で

あなたはディジョンにいます．市場で食べ物を買いたいと思っています．値段を尋ね，食べ物を買ってください．
面接官が売り手の役を演じます．

質問例　　36

Bonjour. Donnez-moi un kilo de tomates, s'il vous plaît.
こんにちは．トマトを 1 キロください．

Je voudrais aussi des bananes.
バナナも欲しいんですが．

Les abricots sont chers !
アプリコットは高いですね！

Donnez-moi deux tranches de saumon fumé, s'il vous plaît.
スモークサーモンを二切れください．

Ça fait combien en tout ?
全部でいくらですか？

Je n'ai pas de monnaie.
小銭がありません．

語 彙

□ pomme リンゴ　　　　□ fraise イチゴ　　　　□ citron レモン
□ orange オレンジ　　　□ poire 梨

■PARTIE 1

聴解 Compréhension de l'oral

国民教育省，国際教育研究センター．「ヨーロッパ共通参照枠組み」の A1 レベル・DELF，口頭試験〔共通〕

いくつかの録音文を聞いてください．それぞれ 2 回ずつ読まれます．それぞれの録音文の直前に，効果音（「タラララン」）が流れます．Exercice 1, 2, 3, 5 では，正しい答えに ⊠ をつけてください．

EXERCICE 1 `4 points`

〔設問と解説〕

設問を読んでください．録音文を聞いてから答えてください．

あなたは，留守番電話に残された次のメッセージを聞いています．

❶ 設問「**誰が話していますか**」．A.「あなたの妹」，B.「あなたの伯母（叔母）」，C.「あなたの母親」から C. を選びます．

❷「**彼女はあなたに～を求めています**」という設問です．A.「マルセイユに行く」，B.「列車の切符を受け取りに行く」，C.「飛行機チケットを予約する」の中から C. を選びます．

❸ 設問は「**マルセイユで，彼女は…行きます**」．妹のフランソワーズが車の事故で入院しているという状況ですから，C.「病院へ」が正解です．他の選択肢はそれぞれ A.「警察署へ」，B.「フランソワーズの家へ」です．

❹「**彼女はいつマルセイユに行きたいと思っていますか**」という設問です．A.「水曜日」，B.「金曜日」，C.「日曜日」から B. を選びます．

〔スクリプト〕

Allô. C'est maman. Je sais bien que tu n'es pas encore rentré(e). Mais c'est un peu urgent. Je suis désolée … Peux-tu me réserver sur Internet un vol pour Marseille, s'il te plaît ? Parce que Françoise, ma petite sœur a été hospitalisée hier à cause d'un accident de voiture … J'aimerais bien aller la voir ce vendredi. Merci beaucoup.

もしもし．ママよ．あなたがまだ帰ってないことは分かってるけど，少し急ぎなの．ごめんなさいね… 私のために，インターネットでマルセイユ行きの飛行機チケットを予約してくれる？ 昨日，妹のフランソワーズが自動車事故で入院したのよ… 金曜日に彼女に会いに行きたいの．ありがとう！

語 彙

☐ urgent 緊急の，急を要する
☐ réserver un vol pour Marseille マルセイユ行きの飛行便を予約する
☐ hospitalisé(e) 入院した

EXERCICE 2　4 points

〔設問と解説〕

　設問を読んでください．録音を聞いてから答えてください．
　あなたはフランスにいます．商店の中で次のアナウンスが流れます．

❶ 設問「**販売促進をしているのは…です**」．B. のシャンプーを選びます．

❷ 設問「**この新製品は…**」．選択肢はそれぞれ A.「子供用です」，B.「誰でも使えます」，C.「旅行用です」．A. が正解です．

❸ 設問「**販売促進（キャンペーン）は…続きます**」．選択肢はそれぞれ A.「10 日間」，B.「次の日曜日まで」，C.「土曜日まで」です．jusqu'au dimanche prochain を聞き取り B. を選びます．

❹ 設問「**（新製品を）2 つ買うと，…**」．選択肢はそれぞれ A.「3 ユーロの割引があります」，B.「半額になります」，C.「3 つ目は無料になります」．C. が正解です．

〔スクリプト〕

Chers clients, dès aujourd'hui et jusqu'au dimanche prochain, nous faisons la promotion d'un nouveau shampoing pour enfant au parfum d'abricot. Si vous en achetez deux, le troisième est offert ! De plus, en achetant ce nouveau produit, vous pourrez participer à une loterie. Le premier prix est un voyage aux Maldives !

　　ご来店の皆さま，本日から次の日曜日まで，子供用シャンプーの新製品の販売促進をしております．アプリコットの香りのシャンプーです．2 個買うと 3 個目が無料になります！さらに，この新製品をご購入された方は，宝くじ（の抽選）に参加することができます．1 等賞はモルジブ旅行です！

語 彙
- □ la promotion 販売促進, セールスプロモーション
- □ offert(e) 贈られた ＊ここでは「無料の, ただの」という意味　　□ la loterie 宝くじ
- □ les Maldives モルジブ共和国 ＊島国なので複数形で aux Maldives「モルジブへ（で）」

EXERCICE 3　4 points

〔設問と解説〕

　設問を読んでください．録音を聞いてから答えてください．

　あなたは, 留守番電話に残された次のメッセージを聞いています.

❶ 設問**「あなたは明日どこへ行きますか」**. 明日は, 娘の学校の先生と保護者会があります. B. を選びます.

❷ 設問**「集会は…に行われます」**. B.「15 時」を選びます.

❸ 設問**「ゴーダン氏は何を求めていますか」**. 正解は C.「アンケートを持って来ること」です. 他の選択肢はそれぞれ A.「集会室で待つこと」, B.「食堂で待つこと」です.

❹ 設問**「建物に入るには, …しなければなりません」**. B.「赤いボタンを押す」が正解です. 他の選択肢はそれぞれ A.「身分証明書を提示する」, C.「入口のドアをノックする」です.

〔スクリプト〕

Bonjour, je m'appelle Jules Gaudin, instituteur à l'école de votre fille. La réunion des parents d'élèves aura lieu demain, à 15h00, dans la salle 214. Veuillez apporter le questionnaire sur la cantine scolaire. Pour entrer dans le bâtiment, sonnez la cloche à gauche de la porte d'entrée. C'est un bouton rouge. Bonne journée !

　こんにちは. 私はジュール・ゴーダン, 娘さんの小学校の教師です. 明日の保護者会は 15 時から 214 号室で行います. 食堂についてのアンケートをご持参ください. 建物に入るには, 正面玄関の左のベルを押してください. 赤いベルです. よろしくお願いします（良い 1 日を）.

解 答　1 point par réponse

❶ B.　　❷ B.　　❸ C.　　❹ B.

語 彙
- □ instituteur (institutrice) 小学校の先生
- □ la réunion des parents d'élèves 父母（保護者）会
- □ Veuillez ＋不定詞 ～してください（丁寧な依頼の言い回し）＊ veuillez は動詞 vouloir の命令法・現在.
- □ la cantine scolaire 学校の食堂

EXERCICE 4 [8 points]

〔設問と解説〕

4つの異なる状況に対応する4つの短い対話を聞いてください．それぞれの対話の後に15秒あります．それぞれのイラストの下に，対応する対話の番号を記入してください．それから，もう一度対話を聞いて，答えを完成させてください．イラストを見てください．

〔注意 ☞〕イラストは6枚ですが（A, B, C, D, E, F），対話は4つしかありません．

録音された対話を聞いて，それぞれの対話に対応するイラストを選ぶ問題です．

❶ 大学の映画の上映会についての会話です．イラスト C. を選びます．connu(e) は「有名な〜」．m'en souviens は，se souvenir de 〜「〜を覚えている」の〈de+le titre〉が中性代名詞 en に置き換わっている形です（基本的な文法事項 36) 参照）．

❷ 構内で，図書館の場所を尋ねている場面です．le secrétariat は「秘書課，事務局」．celui は le bâtiment を指します．イラスト F. を選びます．

❸ 学生が図書館に貸出登録をしに来たという場面です．s'inscrire は「加入する，申し込む」という意味です．イラスト E. を選びます．

❹ コピー機が故障してしまったので，職員（先生）に見てもらうという場面です．jeter un coup d'œil は「ざっと目を通す」という意味です．イラスト B. を選びます．

〔会話文〕

【対話 1】

— Marie, as-tu du temps ce soir ?
　— マリー，今夜は時間ある？

— Oui. Qu'est-ce qu'il y a ?
　— ええ．何があるの？

— Il y a une projection d'un film à l'Université.
　— 大学で映画の上映会があるんだ．

— Quel est le titre de ce film ?
　— 何て言う映画？

— Je ne m'en souviens pas, mais c'est un film connu.
　— タイトルは忘れたけど，有名な映画だよ．

— Alors, allons-y.
　— じゃ，一緒に行こう．

【対話 2】

— Excusez-moi. Je suis bien à la bibliothèque ?
　— すみません．ここは図書館ですか？

— Non, c'est le secrétariat. La bibliothèque est par là, au nord du restaurant universitaire.
　— いいえ，ここは事務局のビルです．図書館はあそこ，大学食堂の北側です．

— C'est le bâtiment sur la gauche ?
　— 左側の建物ですか？

— Non, celui de droite.
　— いいえ，右側の建物です．

【対話 3】

— Bonjour, je voudrais m'inscrire s'il vous plaît.
　— こんにちは，（図書館に）登録をしたいのですが．

— Est-ce que vous avez votre carte d'étudiant ?
　— 学生証はお持ちですか？

— Oui, tenez.
　— はい，こちらです．

— Pouvez-vous remplir cette fiche d'inscription, s'il vous plaît.
　— こちらの登録フォームにご記入をお願いします．

— D'accord.
　— 分かりました．

【対話 4】

— Qu'est-ce qui se passe ?
　— どうしたの？

— La photocopieuse ne fonctionne pas bien.
　— コピー機が止まってしまいました．

— Voyons voir, je vais jeter un coup d'œil.
　— どれどれ，見てみましょう．

— Merci.
　— ありがとうございます．

解答 2 points par réponse

image A **Situation** ×	image B **Situation nº4**	image C **Situation nº1**
image D **Situation** ×	image E **Situation nº3**	image F **Situation nº2**

EXERCICE 5 　5 points

〔設問〕

　メッセージを聞いてください．そのメッセージの中で，どのような物 (objet) が言及されていますか．

　物の名前が聞き取れたら，「はい」にチェックを入れてください．そうでない場合は「いいえ」にチェックを入れてください．その後，もう一度メッセージを聞いて，解答を完成させてください．

〔解説〕

　友達のアマンダが，ハイキング（あるいはピクニック）に持って来る物について留

守録にメッセージを残したという文脈です．canette de bière は現在では「缶ビール」を指します．pull は pull-over の略で「セーター」を指します．

〔スクリプト〕

Bonjour, c'est Amanda ! Il n'est pas nécessaire d'apporter quelque chose à manger. Nous avons préparé des sandwichs. Apporte seulement une ou deux canettes de bière. À la montagne, il fait très frais, alors mets un pull. Et prends également ton appareil photo. Nous t'attendons à la sortie du parc. À plus tard !

　　こんにちは，アマンダよ！ 食べ物は持って来なくとも大丈夫．サンドイッチを用意しておいたわ．缶ビールを 1 〜 2 本持って来てくれる？ 山はすごく涼しいから，セーターを着て来るといいわ．それから，カメラも持って来てくれない？ 私たちは公園の出口で待ってるから．後でね！

解 答 1 point par réponse

❶ A.　　❷ B.　　❸ A.　　❹ B.　　❺ A.

PARTIE 2

読解 Compréhension des écrits

　指示にしたがって次の設問に答えてください（選択式は正解に ⊠ 印）．

EXERCICE 1 6 points

〔設問と解説〕

　あなたはフランスにいます．会社のメールボックスにこのメッセージが入っていました．

2023 年 6 月 5 日（月）

親愛なる同僚の皆さんへ

6 月 22 日（木）の音楽祭を，皆さんと一緒に祝いたいと思い，下記の場所を予約しました．『ポワ・グルマン』（レンタルスペース：ルイ・リュミエール通り），19 時 30 分〜．

遠慮せずに楽器を持って来てください．飲み物をよろしくお願いいたします．

ご出席される方は，6 月 15 日までにお知らせください．

それでは，近いうちに！

ケヴィンとロマン

　質問に答えてください．

❶「このメッセージは何の招待状ですか」という設問です．「パーティー」，「コンサー

ト」，「講演」の中から，パーティーを選びます．

❷ 設問「**いつの招待ですか**」．「6月5日」，「6月15日」，「6月22日」の中から C. を選びます．

❸ 設問「**このパーティーは…に始まります**」．B. が正解です．

❹「**このメッセージは誰に宛てたものですか**」という設問で，選択肢「友達」，「顧客」，「同僚」の中から同僚を選びます．

❺「**何を持って行かなくてはなりませんか**」という設問です．A.「飲み物」が正解です．B.「楽器」は必須ではありません．C.「デザート」は言及されていません．

解 答	1. 2. 3. [1 point] / 4. 5. [1,5 point]

❶ A.　　　❷ C.　　　❸ B.　　　❹ C.　　　❺ A.

語 彙

□ à l'occasion de ~　～の折に，際に
□ en l'honneur de ~　～に敬意を表して，を祝って，のために
□ la location　賃貸借，リース　*cf.* voiture de location　レンタカー

EXERCICE 2　6 points

〔設問と解説〕

3 行広告を読み，設定された要望に適したものを選ぶ問題です．

あなたはパリにいて，仕事を探しています．新聞で以下の 3 行広告を読みました．以下の設問に答えてください．

❶「『**ブーランジュリー・デュ・パレ**』**で働くには，週に何日勤務しなくてはなりませんか**」という設問です．du jeudi au lundi（木曜から月曜）とありますから，C.「5日」を選びます．

❷「**あなたは月曜から木曜まで，8 時～15 時は体が空いていません．どこに連絡をしますか**」という設問です．勤務時間が 16 時～19 時の C.「ルブラン家」を選ぶことができます．

❸「『**コーナー・リュクス**』**のために，あなたは何を送らなければなりませんか**」CV「履歴書」が必要ですから，A. を選びます．B.「推薦状」や C.「身分証明書」は言及されていません．

❹「**夏期の仕事を提供しているのはどの広告ですか**」という設問．レストラン「イル・サレント」の広告には「（夏期のみ）」という記述があります．

❺ 設問「**代理店「EVELYA」に応募するには，…しなければなりません**」．広告文には 2 rue de Miromesnil に直接来てください，とあります．他の選択肢はそれぞれ B.「ポルト・マイヨーのパレ・デ・コングレに行く」，C.「履歴書を送る」です．

〔各項目の訳〕

(A) レストラン「イル・サレント」は，家政婦（掃除婦）を探しています（夏期のみ）．時間は 12 〜 15 時．要電話連絡：06 85 81 38 63.

(B) 「コーナー・リュクス」は，フルタイムのアクセサリー販売員を探しています．流暢に英語を使えることは必須．コンタクト：履歴書を 11 rue Vignon, 75009 Paris 迄.

(C) 代理店「EVELYA」は，イベントの受付のコンパニオン（男・女）を募集しています．イベントは，2023 年 6 月 7 日（水），ポルト・マイヨーのパレ・デ・コングレ［国際会議場］で 11 時から開催されます．2 rue de Miromesnil, 75008, Paris の代理店まで履歴書持参の上，直接来てください.

(D) パン屋「ブーランジュリー・デュ・パレ」はプロのパン職人を探しています．木曜から月曜まで週 35 時間のフルタイム．条件が合えば即お仕事開始．電話：01 42 08 57 44.

(E) ルブラン家は子供の学校への送り迎えをしてくれる信頼できる人を探しています．期間・日時は今年 9 月〜来年 6 月，週 3 日（水曜日を除く），16 時〜 19 時です．電話：01 45 83 00 54.

解 答 1. 3. 4. [1 point] ／ 2. 5. [1,5 point]

❶ C. ❷ C. ❸ A. ❹ A. ❺ A.

語 彙

□ **une femme de ménage** 家政婦／掃除婦

□ **à plein temps** フルタイムで（の）＊ à temps plein (complet) も同義.
  cf. à temps partiel [à mi-temps] パートタイムで（の）

□ **le secteur** 部門 ＊ここでは le secteur du luxe で「高価なアクセサリー販売部門」を指している.
  cf. secteur mode モード産業部門，secteur de pointe 先端分野

□ **un événement** イベント／出来事

□ **Veuillez＋不定詞** 〜してください（丁寧な言い方）＊ veuillez は動詞 vouloir の命令法・現在

□ **se présenter** ここでは「志願する，立候補する，試験を受ける」の意味.

□ **aller chercher** 迎えに行く

EXERCICE 3 **6 points**

〔設問と解説〕

　あなたはフランスにいます．あなたの子供が通っている小学校から申込用紙を受け取りました．設問に答えてください.

パリ市
「私の子供の課外活動」［の申込書］
〜学校
姓／名
クラス
→ あなたの子供が毎週参加する活動に ☒ を入れてください．
この文書は学校に出入りする許可証に相当します．
日付：
《かんたん》家族番号：
母親または父親の署名：

→ 例外的な欠席：あなたの子供が課外活動に例外的に欠席する場合は，必ず学校
　　長にその旨をお伝えください．

❶「誰がこの申込書に記入しなければなりませんか」という設問です．選択肢はそれ
　ぞれ A.「あなたの子供」, B.「あなた」, C.「あなたの子供の先生」で, B. を選びます．
❷「火曜日，授業は何時に終わりますか」という設問です．火曜日は 15 時から
　Atelier「アトリエ（課外活動）」が始まるので，授業が終わるのは 15 時です．
❸ 設問「水曜日，授業は何時に終わりますか」．A. が正解です．
❹「あなたの子供に学校で昼食を食べさせたい場合，あなたの子供はどこで食べます
　か」という質問です．申込用紙のお昼の時間帯に cantine（学校の食堂）とありま
　すから B. を選ぶことができます．
❺「今日はあなたの子供が病気で，課外活動に参加できません．あなたはそのことを
　…に伝えなければなりません」という設問です．用紙の下の方に，課外活動に参加
　できない場合は，必ず学校長にその旨を報告してください，と記されています．A.「学
　校長に」を選びます．他の選択肢はそれぞれ B.「子供の担任の先生に」, C.「パリ
　市長に」です．

解答	1. 2. 3. 4. [1 point] / 5. [2 points]			
❶ B.	❷ B.	❸ A.	❹ B.	❺ A.

語彙

- □ un emploi du temps 時間割，スケジュール
- □ périscolaire 課外の，課外活動の　　　　　□ activités périscolaires 課外活動 (学校周辺活動)
- □ Atelier と Atelier Blue はいずれも課外活動 (学校周辺活動)．一般に，水曜日と金曜日の Atelier (15h-16h30) は学校教員が担当する．Atelier Blue (アトリエ・ブルー 16h30-18h) はパリ市の青少年スポーツ課が担当し，市が選定した団体が文化活動やスポーツ活動を提供している．
- □ centre de loisir(s) サントル・ド・ロワジール (学童預かり所)．フランスの公立の保育園や小学校には学童預かり所があり，水曜日や休暇期間に有料で子供を受け入れている．
- □ autorisation de sortie de l'école 学校の退出許可証　＊セキュリティの観点から，小学校への出入りは厳しくチェックされている．
- □ absence 欠席，欠勤　　　　　　　　　　　□ exceptionnelle 例外的な，特別の
- □ merci de bien vouloir ＋不定詞 〜していただけるとありがたく思います (丁寧な言い回し)
- □ impérativement ぜひとも，どうしても
- □ compte facil'familles numéro facil'familles の口座番号　＊ facil'familles は様々な課外活動費をまとめて支払うための口座で，パリ市が提供しているサービス．

EXERCICE 4 　7 points

〔設問と解説〕

あなたは駅の正面玄関で，新しい《グラン・ボワヤジュール》ラウンジを探しています．次の案内板を読んでください．

リヨン SNCF《グラン・ボワヤジュール》ラウンジ

《グラン・ボワヤジュール》ラウンジの営業時間

月〜木曜	05:40 〜 20:45
金曜	06:00 〜 20:15
土・日・祝日	07:00 〜 20:00

〔案内図左下〕

シャルル・ベローディエ広場から

（ローヌ口）

ホーム入口 (Accès aux voies) に沿って直進し，左折してください．《ブラッスリー・ポール》を通り過ぎ，駅を出て，ラウンジの方向へ進んでください．

〔案内図右下〕

ヴィレット広場から

（アルプ口）

直進して最初の小路を右折，駅を出てラウンジの方向に進んでください．

《グラン・ボワヤジュール》ラウンジでは，待ち時間を快適に楽しむことができます．

---

3 つのスペースがあります：受付，ワークスペース，リラクゼーションスペース．
電車を待つ間，さまざまなサービスをご利用ください．
☐ WIFI に無料でアクセスできます．
☐ 新聞の最新号を閲覧できます．
☐ 携帯の充電ができます．
☐（ニュース番組の）「フランス 24」でフランスのニュースをご覧になれます．

駅の案内図から，トラベラーズラウンジの場所を読み取る問題です．

❶「新しい《グラン・ボワヤジュール》ラウンジは…時に開いている」という設問です．
　選択肢はそれぞれ「土曜日の 6 時」,「水曜日の 20 時 30 分」,「日曜日の 20 時 15 分」
　で，案内図上部の営業時間を確認すると，B. が当てはまります．

❷「《グラン・ボワヤジュール》ラウンジでは…ができます」という設問に対し，選択
　肢はそれぞれ A.「インターネットに無料でアクセスする」,B.「携帯電話を購入する」,
　C.「飲み物を買う」となっています．B. と C. は言及されていません．

❸「正面入り口（ローヌ口）から《グラン・ボワヤジュール》ラウンジへの行き方を
　選んでください」という設問です．案内図左下の説明文から A. を選びます．

❹「ラウンジは，土曜の朝，何時に開きますか」という設問です．土曜日を含む Le
　week-end についての記述を確かめて，C. を選びます．

❺「ラウンジの定休日は」という設問です．Le week-end と Les jours fériés も営業
　していますから，C.「年中無休」です．他の選択肢はそれぞれ A.「日曜日」, B.「祭
　日」です．

解 答	1. 4. [1 point] / 2. 3. [1,5 point] / 5. [2 points]

❶ B.　　　❷ A.　　　❸ A.　　　❹ C.　　　❺ C.

PARTIE 3

文書作成 Production écrite

EXERCICE 1　10 points

〔設問と解説〕

　あなたは空港で車をレンタルします．レンタカーの営業所で，以下の申込用紙に記入してください．

　Partie 3 は「文書作成（筆記試験）」で，2 つの大問があります．一つ目は，書式に簡単な必要事項を記入する問題です．姓，名，国籍，住所，メールアドレスなどについて準備しておきましょう．

　ここでは，順に，性，名，誕生日，国籍，職業，いつから車が必要か（日／月／年），何日間必要かの項目が問われています．

解答例 1. 2. 3. 4. [1 point] / 5. 6. 7. [2 points]

1　Nom : Lefèvre
2　Prénom : Stéphane
3　Date de naissance : le 3 janvier 1982
4　française
5　photographe
6　01.07.23
7　4 jours

EXERCICE 2　15 points

〔設問と解説〕

　あなたはニコラです．あなたの友達からのメールに返信してください．あなたは招待を承諾し，彼らの結婚を祝い，あなたが行くことを報告してください．（40 語以上）

差出人：ジュリエット
宛先：ニコラ

親愛なるニコラへ．
結婚式の後に催される食事会にあなたが出席してくれると期待しています．パストレルの祝典会場（14 区）で 20 時からです．3 月 15 日までに返事をもらえますか？
友情を込めて．
ジュリエットとブリュノ

解答例

Chers Juliette et Bruno,

Toutes mes félicitations pour votre mariage !

C'est avec un grand plaisir que j'accepte votre invitation à votre repas de mariage. Comme vous devez être heureux, tous ! J'ai hâte de vous revoir.

Merci encore pour votre invitation !

Bises,

Nicolas

> 親愛なるジュリエットとブリュノへ
> 結婚おめでとう！
> 結婚式後の食事会への招待を喜んでお受けします．二人とも本当に嬉しいことでしょう！ 早く二人に会いたいです．
> 招待ありがとう！
> またね！
> ニコラ

〔採点基準についての概説〕については **p.117** 参照.

語 彙

- □ compter sur 〜を当てにする，期待する　　□ lors de 〜　〜のときに，〜の際
- □ à l'issue de 〜　〜のあとで（に）
- □ Toutes mes félicitations pour 〜　〜おめでとう という成句　＊この意味では félicitation は複数形. Félicitations pour 〜とも言う.
- □ avoir hâte de 不定詞　〜を切望する

PARTIE 4

口頭表現（口頭試験）Production orale　25 points

　Partie 4 は (1) 自己紹介，(2) キーワードを利用した試験官への質問，(3) ロールプレイング の3部に分かれています．最初に試験官から，試験は3部に分かれていることが伝えられ，第2部で使われるキーワードが記されたカード，写真あるいはイラスト，第3部で使われる紙幣・硬貨が手渡されます．受験者は試験前に10分間の準備時間があります．この10分間で，第2・第3部の準備をします．試験時間は5〜7分です．

■ Entretien dirigé [= 第1部]　自己紹介
模擬試験 [1] (p.118) 参照.

■ Échange d'informations [= 第 2 部] キーワードを利用した試験官への質問

模擬試験 [1] (p.120) 参照.

質問例（面接・カードに記された単語）

Adorer	Est-ce que vous adorez le français ? / Qu'est-ce que vous adorez faire ?
〜が大好きである	フランス語が大好きですか？／何をするのが大好きですか？
Shopping	Est-ce que vous aimez faire du shopping ? / Quand est-ce que vous faites du shopping ?
ショッピング	ショッピングをするのが好きですか？／いつショッピングをしますか？
Grands magasins	Vous allez souvent faire des achats dans de grands magasins ? / Avec qui est-ce que vous allez dans les grands magasins ?
デパート	デパートでよく買い物をしますか？／デパートに誰と行きますか？
Temps	Pendant vos vacances, il faisait beau temps ? / Combien de temps mettez-vous pour aller au bureau ?
天気／時間	ヴァカンスの時，天気が良かったですか？／仕事場までどれくらい時間がかかりますか？
Montagne	Vous aimez la montagne ? / Vous passez vos vacances à la montagne ?
山	山が好きですか？／あなたは山でヴァカンスを過ごしますか？
Dimanche	Qu'est-ce que vous faites le dimanche ? / Est-ce que vous allez au cinéma le dimanche ?
日曜日	日曜日に何をしますか？／日曜日に映画に行きますか？
Livre	Quel est votre livre préféré ? / Est-ce que vous lisez souvent ?
本	お気に入りの本は何ですか？／よく本を読みますか？
Mer	Vous habitez près de la mer ? / Est-ce que vous allez à la mer le week-end ?
海	あなたは海の近くに住んでいますか？／週末に海に行きますか？
Profession	Quelle est votre profession ? / Vous aimez votre profession ?
職業	あなたの職業は何ですか？／あなたの職業が好きですか？
Boisson	Qu'est-ce que vous aimez comme boisson ? / Buvez-vous souvent des boissons chaudes ?
飲み物	飲み物は何が好きですか？／よく熱い飲み物を飲みますか？

Merci. L'exercice 2 est terminé. Nous passons maintenant à l'exercice 3.

ありがとうございました．試験の第 2 部は終わりました．これから第 3 部に移りましょう．

■ Dialogue simulé [= 第 3 部] ロールプレイング

受験者はまず 2 つのテーマをくじ引きで選んでください．そのうち 1 つを選んでください．そして，記されたシチュエーションを演じます．面接官が相手の役を演じます．

設問には，「あなたが買いたい，あるいは注文したい商品の値段について尋ねてください．希望する数量を求めてください．支払いには，硬貨・紙幣の写真を使ってください．」とあります．値段を尋ねる表現，数量を尋ねる表現などを確認しておきましょう．

また，「その場にふさわしい丁寧な言葉遣いに気を付けてください．」とありますから，基本的な丁寧表現も確認しておいてください．

〔テーマ〕

Sujet 1 ホテルで

あなたはニースのホテルに到着しました．1 人または 2 人用の部屋を頼みます．朝食は付けません．値段を聞き，宿泊料を支払ってください．

面接官がホテルの受付係の役を演じます．

質問例 🎧38

> Bonjour. Je voudrais réserver une chambre pour une personne (deux personnes).
>> こんにちは．一人部屋（二人部屋）を予約したいのですが．
>
> Alors, voyons, oui, il y a une chambre disponible.
>> では，えーと，そうですね．空き部屋があります．
>
> La chambre fait combien ?
>> いくらですか？
>
> 90 euros. Est-ce que vous prenez le petit-déjeuner ?
>> 90 ユーロです．朝食はお取りになりますか？
>
> Non, je n'en ai pas besoin.
>> いいえ，必要ありません．
>
> Avez-vous des sèche-cheveux ? / Pouvez-vous me prêter un sèche-cheveux ?
>> ドライヤーはありますか？

語 彙

☐ lit à deux places / lit de [pour] deux personnes　ダブルベッド
☐ lit d'[pour] une personne　シングルベッド　　☐ télévision　テレビ
☐ petit-déjeuner　朝食　　　　　　　　　　　　☐ sèche-cheveux　ドライヤー

Sujet 2 パン屋で

あなたはフランスに住んでいます．仕事場に行く前に，あなたはパン屋で朝食を買います．何か食べるものと飲み物を注文してください．会計を頼み，支払ってください．面接官がパン屋の役を演じます．

質問例 39

> Bonjour. Je voudrais un pain aux raisins, s'il vous plaît.
> こんにちは．レーズンパンが欲しいのですが．
>
> Combien coûte la tarte aux cerises ?
> サクランボのタルトはいくらですか？
>
> Non, je ne veux pas un gâteau entier, seulement une part.
> いいえ，ケーキ丸々一つじゃなくて，一切れだけが欲しいの．
>
> Est-ce que je peux avoir une bouteille de jus d'orange, s'il vous plaît ?
> ボトル入りのオレンジジュースをいただけますか？
>
> Est-ce que vous acceptez les cartes bancaires ?
> カードは使えますか？
>
> Bonne journée, et au revoir.
> 良い1日を，さようなら．

語 彙

☐ croissant クロワッサン
☐ pain aux raisins レーズンパン
☐ tarte aux cerises サクランボのタルト
☐ pain au chocolat チョコレートパン
☐ jus d'orange オレンジジュース

n^o3 模擬試験問題 解答・解説

PARTIE 1

聴解 Compréhension de l'oral

　国民教育省，国際教育研究センター．「ヨーロッパ共通参照枠組み」の A1 レベル・DELF，口頭試験〔共通〕

　指示にしたがって次の設問に答えてください（選択式は正解に ☒ 印）.

EXERCICE 1 　4 points

〔設問と解説〕

　問題文は 2 回読まれます．2 回のリスニングの間には 30 秒あり，リスニングの後にも解答を確認するために 30 秒あります．まず，設問を読んでください.

　あなたは電車でボルドーへ行きます．設問に答えてください.

❶「電車は何時に出発しますか」.

❷「電車は〜番ホームから出発しますか」という設問．partira は，動詞 partir の 3 人称単数の未来形．数字の聞き取りは必ず出ます．1 〜 100 までの数字を押さえておきましょう（p.16 参照→数字の練習問題）.

〔スクリプト〕

Le TGV numéro 8469 (huit mille quatre cent soixante-neuf) à destination de Bordeaux St-Jean (Saint-Jean), départ 18h50, partira voie 8.

　18 時 50 分発，ボルドー・サン＝ジャン駅行き TGV・8469 号は 8 番ホームからです.

> **解 答**　2 points par réponse
>
> ❶ 18h50.　　❷ numéro 8.

語 彙

□ à destination de 〜　〜行きの　□ voie　プラットホーム　*ex.* voie numéro 18　18 番ホーム

EXERCICE 2 　5 points

〔設問と解説〕

　問題文が 2 回読まれます．2 回のリスニングの間には 30 秒あり，リスニングの後にも解答を確認するために 30 秒あります．まず，設問を読んでください.

　留守番電話に残されたこのメッセージを聞いて，質問に答えてください.

❶「ローランは〜を提案しています」．ローランは「あなたをホテルまで連れて行くこと」を提案しています．他の選択肢はそれぞれ「あなたと一緒にレストランへ行く

こと」，「ホテルに来ること」です．

❷「電車は何時に駅に着きますか」．

❸「電話番号を完成させてください」．特に，80 quatre-vingts 〜 100 cent までの数字は繰り返して聞き取れるようにしておきましょう．電話番号は 2 桁ずつ区切って発音されます．

❹「ローランの話し相手は誰ですか？」この録音文からは，ローランが話している「君」が男性か女性かは分からないので，On ne sait pas.「分からない」を選びます．他の選択肢は「女の子」，「男の子」です．

〔スクリプト〕

Salut. C'est Laurent. J'espère que ton voyage en train se passe bien. Tu arrives vers 19h35 à la gare ? Je serai au bureau à ce moment-là. Appelle-moi quand tu arrives ! Je t'amène en voiture à l'hôtel, si tu veux. Mon numéro de téléphone est le 07 79 89 15 21.

> やあ．ローランだよ．電車の旅が順調なことを願ってる．駅には 19 時 35 分に着くんだよね？その時間に僕は会社にいるから，着いたら電話して！よければ車でホテルまで送ってあげる．電話番号は 07 79 89 15 21 だよ．

解答 1. [2 points] / 2. 3. 4. [1 point]

❶ de vous amener à l'hôtel.　　❷ 19h35.　　❸ 89.　　❹ On ne sait pas.

EXERCICE 3 　6 points

〔設問と解説〕

問題文は 2 回読まれます．2 回のリスニングの間には 30 秒あり，リスニングの後にも解答を確認するために 30 秒あります．設問を読んでください．

留守番電話に残されたこのメッセージを聞いて，質問に答えてください．

❶ 設問は「どのような職（ポスト）が募集されていますか」．選択肢はそれぞれ「ウェイター（ウェイトレス）」，「秘書」，「販売員」です．

❷「いつまでに連絡しなければなりませんか」という設問です．選択肢は「木曜日の 17 時まで」，「木曜日の 18 時まで」，「すぐに」です．

❸「（あなたは）どんな書類を送らなくてはなりませんか」という設問です．votre lettre de motivation を聞き取り，votre「あなたの」を ma「私の」に置き換えて書きましょう．

❹「その書類はどのように送ればいいのでしょうか」という手段を尋ねる設問です．設問はそれぞれ「郵送する」，「電子メールで送信する」，「ホームページ上で提出する」です．

〔スクリプト〕

Bonjour, c'est Madame Moulin, de l'Agence pour l'emploi. Nous avons une offre pour secrétaire. Vous pouvez voir cette offre sur notre site internet. Si cette offre vous intéresse, rappelez-moi avant jeudi, 17 heures, au 01 19 23 39 18. Et pouvez-vous m'envoyer votre lettre de motivation tout de suite par e-mail ? Merci au revoir !

> こんにちは，就職斡旋会社のムーランです．秘書の募集があります．この求人は当社のホームページで見ることができます．ご興味がありましたら，木曜17時までに電話番号01 19 23 39 18まで連絡してください．それから，志望動機書を至急メールで送ってもらえますか？ よろしくお願いします．

解答 1. 2. [1 point] / 3. 4. [2 points]

❶ Secrétaire.　　　　　　　　❷ Avant jeudi, 17 heures.
❸ Ma (La) lettre de motivation.　❹ Envoyer par e-mail.

EXERCICE 4　[10 points]

〔設問と解説〕

　5つの異なる状況に対応する5つの短い対話を聞いてください．それぞれの対話の後に15秒あります．それぞれのイラストの下に，対応する対話の番号を記入してください．それから，もう一度対話を聞いて，答えを完成させてください．イラストを見てください．

[注意☞] イラストは6枚ですが（A, B, C, D, E, F），対話は5つしかありません．

　録音された対話を聞いて，それぞれの対話に対応するイラストを選ぶ問題です．

❶ Il faut que（接続法）で「〜しなければならない」という意味です．代名動詞 se coucher が tu で活用されています．

❷ J'arrive.「（そちらへ）行きます．」という表現．tout de suite「すぐに」は頻出表現．

❸ Je peux vous aider ? は店員が客に話しかける定型表現．「何かお手伝いしましょうか？」

❹ louer un parasol「パラソルをレンタルする」という表現から，海岸にいることが分かります．

❺ timbres「切手」, envoyer en prioritaire (en économie)「速達で（普通で）送る」などの表現から郵便局であることが推測できます．

〔会話文〕

【対話 1】

— Mon chéri, il est déjà neuf heures. Il faut que tu te couches maintenant.
　— …君，もう 9 時ですよ．もう寝なきゃいけないわ．

— D'accord.
　— 分かったよ．

【対話 2】

— Excusez-moi, vous pouvez nous apporter le menu ?
　— メニューをお願いします．

— J'arrive tout de suite.
　— すぐ参ります．

【対話 3】

— Bonjour, je peux vous aider ?
　— いらっしゃいませ．何をお探しですか．

— Oui, je cherche une chemise.
　— シャツを探しているんです．

【対話 4】

— Il fait très chaud aujourd'hui. On peut louer un parasol ?
　— 今日はとても暑いわ．パラソルをレンタルできないかしら？

— C'est une bonne idée. Je vais demander à ce monsieur.
　— そうだね．あの係の人に頼もう．

【対話 5】

— Bonjour Monsieur, je voudrais cinq timbres pour le Japon.
　— すみません．日本までの切手を 5 枚欲しいんですが．

— Vous voulez envoyer en prioritaire ou en économique ?
　— 速達ですか，普通ですか．

— En prioritaire, s'il vous plaît.
　— 速達でお願いします．

— Ça fera 6,40 euros.
　— それでは，6.4 ユーロお願いします．

— Voilà.
　— どうぞ．

解答	2 points par réponse

| image A Dialogue n°3 | image B Dialogue × | image C Dialogue n°4 |
| image D Dialogue n°1 | image E Dialogue n°2 | image F Dialogue n°5 |

PARTIE 2

読解 Compréhension des écrits

指示にしたがって次の設問に答えてください（選択式は正解に ☒ 印）.

EXERCICE 1 [10 points]

〔設問と解説〕

あなたはフランスにいます.

この葉書を受け取りました.

来（きた）る 6 月 24 日（土）,

サンドラとジュリアンは結婚します.

20 時にレストラン《シャトー・ド・ジリー》へ

夕食にいらしてください.

住所は 34 Avenue Françoise Giroud, 21000 Dijon です.

5 月 23 日までにご都合をお知らせください. よろしくお願いします.

---

❶ 「**葉書は誰が書きましたか？**」という設問に, 新郎新婦の名前を書きましょう.

❷ 「**結婚式はいつですか？**」という質問には, le（曜日）→日付→月という順序で答えましょう.

❸ 設問は「**この葉書は〜への招待状です**」で, 選択肢は順に「結婚式」,「結婚式の後の夕食」,「誕生祝いの食事」です.

❹ 設問は「**あなたは〜までに返事をしなくてはいけません**」.

解答 1.3. [2 points] / 2. 4. [3 points]

❶ Sandra et Julien.　　　　❷ Le samedi 24 juin.

❸ un repas après le mariage.　❹ le 23 mai.

EXERCICE 2 [4 points]

〔設問と解説〕

あなたは家賃月 800 ユーロ以内で一人用のステュディオ（ワンルームマンション）, 即入居可の物件を探しています（今は 5 月です）.

3 行広告を読み, 設定された要望に適したものを選ぶ問題です. 実生活で出会う可能性が高いシチュエーションが選ばれています.

この設問では,「一人用のステュディオ（ワンルームマンション）／家賃月 800 ユーロ以内／即入居可」に該当する物件を選ばなくてはなりません. nous sommes en mai（今は 5 月）という注意書きも頭に留めておきましょう.

設問は順に ❶「あなたがかけるのはどの電話番号ですか」, ❷「賃貸料はいくらですか」, ❸「住居の広さはどれくらいですか」.

(A) 日本語の3行広告同様, 文字数の制約があるので, 最小限の情報が簡潔に記されています. このパリ3区のアパルトマンは, 家賃月1450ユーロなので条件に合いません. cuisine entièrement équipée「キッチン完備」などの表現にも慣れておきましょう.

(B) 広告文に libre dès juillet（7月から入居可）とあるので, すぐに入居するという条件に合いません. 動詞 s'abstenir（～を差し控える）を使った Pas sérieux s'abstenir.（冷やかしお断り）という表現が使われています. Si vous n'êtes pas sérieux, abstenez-vous.（もしあなたが真剣ではないなら, 応募を差し控えてください）という意味です.

(C) disponible de suite（すぐに入居できます）, 月750ユーロと条件に合うので, この物件を選びます. à proximité des commerces「商店の近くにある → 近くに商店がある」も覚えておきましょう.

(D) 月1250ユーロなので条件に合いません.

解答 1. 2. [1 point] / 3. [2 points]

❶ 01 77 14 69 98.　❷ 750 euros.　❸ 17m².

EXERCICE 3　5 points

〔設問と解説〕

文書（主に e-mail）を読み, 設定された要望に適したものを選ぶ問題です. 実生活で出会う可能性が高いシチュエーションが選ばれています.

あなたはたった今このメッセージを受け取りました. 以下の設問に答えてください.

差出人 : PressingMontepellier@courriel.fr
件名：臨時休業（コメディー店）

お客様各位
コメディー店は2023年12月5～7日の間, 閉店させていただく予定です. 店舗は12月9日に再びオープンします. この臨時休業はルイ・ブラン大通りをふさぐ道路工事によるものです.
ご迷惑をおかけしますが, 何卒ご理解ください. 当社のガンベッタ店とアンティゴーヌ店は, コメディー店の休業中も営業しております.
よろしくお願いいたします.
モンペリエ・クリーニング

クリーニング店が 12 月 5 ～ 7 日に臨時休業するというお知らせです.

❶「このメッセージは誰に宛てたものですか？」の問いに対して Les clients（顧客）を選びます. 他の選択肢はそれぞれ Les vendeurs（販売員），Les employés（社員）です.

❷「店の営業再開はいつ」という問いには本文中の le 9 décembre（12 月 9 日）を選びます.

❸「店の一時休業の理由は」という設問です. travaux de rue（道路の工事）が正解です. 他の選択肢は travaux du bâtiment「建物の工事」，la fête du quartier「地域のお祭り」です. en raison de ～は「～の理由で」という表現です. 類義表現には grâce à ～「～のおかげで」（プラスのニュアンス），à cause de ～「～のせいで」（マイナスのニュアンス）などがあり，en raison de ～は中立のニュアンスです. en raison de の "de" と定冠詞 les の縮約で，選択肢は des となっています.

❹ 設問「**休業期間中，クリーニングを頼みたい場合，どうすればいいですか（どこに頼めますか）**」. Nos magasins de Gambetta et d'Antigone（私たちの【＝当チェーンの】ガンベッタ店とアンティゴーヌ店）とありますから，このクリーニング店はチェーンで，いくつか支店があることが分かります. où pouvez-vous ...（どこであなたは…できる）で質問されているので，Je peux ＋不定詞 または On peut ＋不定詞（人は…できる）を使って答えることができます. または支店名だけでも大丈夫です.

解答 1. 2. 3. [1 point] / 4. [2 points]

❶ Les clients.　❷ le 9 décembre.　❸ des travaux de rue.
❹ Dans les magasins de Gambetta ou d'Antigone. /
Je peux (on peut) le faire dans les magasins de Gambetta ou d'Antigone.

EXERCICE 4 6 points

〔設問と解説〕
このフランス語のウェブサイトを読んで，質問に答えてください.

あなたの次の文化的なイベント
フランソワ・ラブレー大学の文化活動
文化講座・文化活動
何？
ダンス，音楽，演劇など約 30 の講座，様々な活動があなたの好奇心を目覚めさせるでしょう. そして，UNIFR 大学での体験を豊かなものにするでしょう.
どこで，いつ，どのように？

9月28日まで, それから 10月2日と 10月 11 日は無料のトライアルレッスン (お試し授業) です.

その後, ネット上で登録していただきます.

全ての情報はこちらのサイトで: **culture.unige.ch**

Exercice 4 は主に教育や実習についての情報を読み取る問題です. 本問は, 大学の文化講座の案内メールの読み取りです.

❶ 設問は「**大学はいくつの活動を提供していますか**」. près de ... は「およそ〜, 約〜」の意味です.

❷ 設問は「**大学は〜を提供しています**」. 本文中に musique とありますから, B. を選びます.

❸「**これらの文化講座には, いつ登録できますか**」という設問です. 選択肢はそれぞれ「9月 28 日まで」, 「10月 12 日以降」, 「10月2日」です. 9月 28 日までと, 10月2日, 11 日は無料のトライアルレッスンです. したがって, 10月 12 日以降を選びます.

解答	2 points par réponse

❶ près de 30　　❷ B.　　❸ après le 12 octobre

PARTIE 3

文書作成 Production écrite

EXERCICE 1 　10 points

〔設問と解説〕

Partie 3 は「文書作成 (筆記試験)」で, 2 つの大問があります. 一つ目は, 書式に簡単な必要事項を記入する問題です. 姓, 名, 国籍, 住所, メールアドレスなどについて準備しておきましょう.

ここでは「フランス語学校の申込用紙に記入してください」という設問で, 項目は順に「性, 名, 誕生日, 国籍, フランスの住所, 携帯電話番号, 電子メールアドレス, フランス語をいつから勉強しているか」の項目が問われています.

国籍の書き方は, 日本国籍ならば (nationalité) japonaise, フランス国籍の場合は (nationalité) française となります.

フランスの住所ですが, 「番地, 通りの名前, 郵便番号, 町の名前」の順で書きます.

例 1 : 3 Rue Daru, 75008, Paris

例 2 : 27 Rue Saint-Gervais, 69008, Lyon

携帯電話番号は, 2 桁の市外局番あるいは電話タイプから始まる 10 ケタの番号にな

ります．表記方法は 2 桁ずつ区切るのが普通です（例：01 23 45 67 89）．最初の 2 桁は地域や電話タイプによって異なります．

01 パリ市とイル・ド・フランス県の市外局番
02 フランス北西部の市外局番
03 フランス北東部の市外局番
04 フランス南東部の市外局番
05 フランス南西部の市外局番
06, 07 携帯電話
08 特別料金の番号
09 IP 電話

解答例

Nom：Kobayashi	1 point
Prénom：Naomi	1 point
Date de naissance：16-10-1997 (le 16 octobre 1997)	1 point
Nationalité：japonaise	1,5 points
Adresse en France：87, rue de Marseille, 69007, Lyon	1,5 points
Votre numéro de portable：06 80 28 29 12	1 point
Adresse électronique：Naomi.Kobayashi@email.fr	1,5 points
Depuis combien de temps étudiez-vous le français ?：Depuis 3 ans.（3 年前から）	1,5 points

語 彙
□ (le) formulaire 質問用紙，調査書　□ (la) fiche d'inscription 申込書

EXERCICE 2 15 points

〔設問と解説〕
　あなたは初めてパリ観光に来ています．フランス人の友達に手紙（葉書）を書いてください．すでに観た観光地とこれから観る観光地について書いてください．（40 語以上）

解答例

Le 25 avril 2023,
Salut, ça va ? Moi, ça va très bien ! Je suis à Paris depuis une semaine.
J'adore cette ville !
J'ai visité les musées, j'ai pris des photos et j'ai mangé des crêpes !
J'ai vu la Tour Eiffel et Notre-Dame !
Malheureusement il pleuvait mais je m'amuse beaucoup.

Ce week-end, il fera beau. Demain je vais visiter le Château de Versailles !
À bientôt !
Bisous.

> 2023 年 4 月 25 日
> やあ，元気？ 僕はとても元気だよ！ 一週間前からパリにいるんだ．
> この町がすごく気に入ったよ！
> いくつか美術館に行って，写真を撮って，クレープを食べたんだ！
> エッフェル塔とノートルダム寺院を見たよ！
> ついてないことに雨だったけど，とても楽しんでるよ．
> 今週末は天気がいいらしい．明日はベルサイユ宮殿に行くよ．
> 近いうちに！
> じゃあね．

PARTIE 4

口頭表現（口頭試験）Production orale　25 points

　　Partie 4 は (1) **自己紹介**，(2) **キーワードを利用した試験官への質問**，(3) **ロールプレイング** の 3 部に分かれています．最初に試験官から，試験は 3 部に分かれていることが伝えられ，第 2 部で使われるキーワードが記されたカード，写真あるいはイラスト，第 3 部で使われる紙幣・硬貨が手渡されます．受験者は試験前に 10 分間の準備時間があります．この 10 分間で，第 2・第 3 部の準備をします．試験時間は 5 〜 7 分です．

■ Entretien dirigé [= 第 1 部]　自己紹介（約 1 分）
模擬試験 [1] (p.118) 参照．

■ Échange d'informations [= 第 2 部] キーワードを利用した試験官への質問（約 2 分）
模擬試験 [1] (p.120) 参照．

質問例（面接・カードに記された単語）40

Internet	Utilisez-vous souvent internet ?
インターネット	インターネットをよく使いますか？
Supermarché	Combien de fois par semaine allez-vous au supermarché ?
スーパーマーケット	週に何回スーパーへ行きますか？
Animaux domestiques	Combien d'animaux avez-vous ? / Quel animal avez-vous ?
ペット	動物を何匹飼っていますか？／どんな動物を飼っていますか？

Nom 名前	Quel est le nom de votre chien ? あなたの犬の名前は何ですか？
Enfant 子供	Est-ce que vous avez des enfants ? お子さんはいますか？
École 学校	Est-ce que vous enseignez à l'école ? 学校で教えていますか？
Rivière 川	Est-ce qu'il y a une rivière près de chez vous ? あなたの家の近くに川がありますか？
Cinéma 映画	Avec qui allez-vous au cinéma ? 誰と映画に行きますか？
Campagne 田舎	Est-ce que vous aimez la campagne ? 田舎が好きですか？
Avion 飛行機	Vous aimez voyager en avion ? 飛行機での旅行が好きですか？

Merci. L'exercice 2 est terminé. Nous passons maintenant à l'exercice 3.
ありがとうございました．試験の第2部は終わりました．これから第3部に移りましょう．

■ Dialogue simulé [= 第3部]　ロールプレイング

受験者はまず2つのテーマをくじ引きで選んでください．そのうち1つを選んでください．そして，記されたシチュエーションを演じます．面接官が相手の役を演じます．

設問文には，「あなたが買いたい，あるいは注文したい商品の値段について尋ねてください．希望する数量を求めてください．支払いには，硬貨・紙幣の写真を使ってください．」とあります．値段を尋ねる表現，数量を尋ねる表現などを確認しておきましょう．

また，「その場にふさわしい丁寧な言葉遣いに気を付けてください．」とありますから，基本的な丁寧表現も確認しておいてください．

〔テーマ〕

Sujet 1 電器販売店で

あなたは，レンヌにある新しいアパルトマンに引っ越してきたばかりです．あなたは電器販売店へ電化製品を買いに行きます．店の人に情報を尋ねてください．製品を1つか2つ選んで，支払いをしてください．

面接官が売り手の役を演じます.

Bonjour. Je voudrais un frigo, s'il vous plaît.
こんにちは. 冷蔵庫が欲しいんですが.

Est-ce que vous avez des ventilateurs ?
扇風機はありますか？

Je voudrais aussi un fer à repasser.
アイロンも欲しいんですが.

Quel est le prix total, s'il vous plaît ?
合計でいくらになりますか？

Vous acceptez la carte de crédit ?
クレジットカードは使えますか？

Merci. Au revoir et bonne journée.
ありがとう. さようなら（良い1日を）.

語 彙

□ aspirateur 掃除機　　□ fer à repasser アイロン　　□ ventilateur 扇風機
□ réfrigérateur, frigo 冷蔵庫　　□ machine à laver 洗濯機

Sujet 2 カフェで

　あなたはリヨンにいます. 季節は冬です. あなたはカフェに入って, 暖かい飲み物を注文します. 会計を頼み, 支払ってください.

　面接官がウェイター（ウェイトレス）の役を演じます.

Bonjour. Un café avec un verre d'eau, s'il vous plaît.
こんにちは. コーヒーとお水をお願いします.

Je voudrais un chocolat chaud.
ホット・ココアが飲みたいんですが.

Un café crème, s'il vous plaît.
カフェ・クレーム（ミルク入りコーヒー）をお願いします.

Une orange pressée, s'il vous plaît.
オレンジの生ジュースをお願いします.

Un demi, s'il vous plaît.
ビールをお願いします.

Un expresso et l'addition, s'il vous plaît.
エスプレッソ, それからお会計をお願いします.

語 彙

- □ café au lait カフェオレ
- □ expresso エスプレッソ
- □ chocolat ココア
- □ thé au citron レモンティー
- □ infusion ハーブティー
- □ demi （ジョッキ1杯）のビール

PARTIE 1

聴解　Compréhension de l'oral

国民教育省，国際教育研究センター．「ヨーロッパ共通参照枠組み」の A1 レベル・DELF，口頭試験〔共通〕

指示にしたがって次の設問に答えてください（選択式は正解に ⊠ 印）．

EXERCICE 1 　4 points

〔設問と解説〕

問題文は 2 回読まれます．2 回のリスニングの間には 30 秒あり，リスニングの後にも解答を確認するために 30 秒あります．まず，設問を読んでください．

❶ 電車の番号を尋ねる問題です．

❷ **「電車は何時に出発しますか」** という設問です．当初は 18 時 20 分出発予定の電車が 20 分遅れるという情報をしっかり聞き取ってください．

〔スクリプト〕

En raison d'un incident, le TER Aquitaine, numéro 7761 (sept mille soixante et un), départ initialement prévu à 18h20, est annoncé avec un retard d'environ 20 minutes.

18 時 20 分発を予定していた TER アキテーヌ，7761 号は，事故のため，約 20 分の遅れが見込まれます．

> **解 答**　2 points par réponse
> ❶ 77(61)　　❷ 18h40.

語 彙

□ Aquitaine　フランス南西部のアキテーヌ地方．

□ TER (Transport express régional)　地域圏高速交通．テーウーエルと発音される．

EXERCICE 2 　5 points

〔設問と解説〕

留守番電話に残されたメッセージを聞いて，設問に答える問題です．50 語程度の文章を 2 回聞きます．1 回目と 2 回目の間には，30 秒のポーズがあり，その後にも解答を確認するために 30 秒あります．

留守番電話に残されたこのメッセージを聞いて，質問に答えてください．

❶ **「ジャン＝フランソワはいつパリにいましたか」**．選択肢「先月」「先週」「去年」の

中から「先週」を選びましょう.

❷「彼は何を忘れましたか」. mon agenda「僕の手帳」を聞き取り, (son) agenda と書きましょう.

❸ 設問「その品物をどこで受け取らなくてはなりませんか」には,「ホテルの受付で」と答えましょう.

❹ 住所の番地を聞き取る問題です.

〔スクリプト〕

Salut ! C'est Jean-François. Pendant mon séjour à Paris la semaine dernière, j'ai oublié mon agenda à l'Hôtel Montmartre. C'est l'hôtel où nous avons eu le premier rendez-vous mardi dernier. J'ai déjà appelé et on me le garde à la réception. Est-ce que tu peux aller le récupérer ? L'adresse est 95 Avenue de Tourville. Merci par avance !

> やあ,ジャン＝フランソワだよ.先週のパリ滞在の間に,ホテル「モンマルトル」に手帳を忘れちゃったんだ.先週の火曜に僕たちが最初に待ち合わせをしたホテルだよ.ホテルにはもう連絡済みで,受付で預かってくれてるんだ.僕の代わりに取りに行ってくれない? 住所はトゥルヴィル大通り 95 番地だよ.ありがとう!

解答 1. 2. 4. [1 point] / 3. [2 points]

❶ la semaine dernière　❷ (son) agenda　❸ à la réception de l'hôtel　❹ 95

EXERCICE 3 6 points

〔設問と解説〕

　問題文は 2 回読まれます.2 回のリスニングの間には 30 秒あり,リスニングの後にも解答を確認するために 30 秒あります.設問を読んでください.

　あなたは秘書として働いています.社長が留守番電話にメッセージを残しています.

❶ 設問「このメッセージを書いた時, 社長はどこにいましたか?」選択肢は順番に「空港」,「会社(職場)」,「銀行」です.

❷「社長は職場に～時に着く」という設問です.原文には「到着は 10 時にならないと出社できない」とあります.

❸ 設問「11 時に, 社長は誰と約束がありますか?」9 時から 11 時に変更になったのは,ジェネラル銀行の支配人との約束です.

❹「何をキャンセルしなければなりませんか?」という設問です.歯医者の約束をキャンセルしなければなりません.

〔スクリプト〕

Bonjour. C'est Philippe. J'attends encore mon départ. En raison du retard de mon vol, je ne pourrai venir au bureau qu'à 10 heures ce matin. Pouvez-vous déplacer

le rendez-vous avec le directeur de la Banque Générale, de 9 heures à 11 heures ?
Vous pouvez aussi annuler le rendez-vous chez le dentiste à 11 heures et demie.
Merci. À tout à l'heure.

> おはよう．フィリップです．まだ出発を待っています．飛行機が遅れているため，今朝は 10 時にならないと出社できません．ジェネラル銀行の支配人との約束を 9 時から 11 時に変更してもらえますか？ それから，午前 11 時半の歯医者の予約をキャンセルしてください．ありがとう．それではまた後で．

解 答 1. 2. [1 point] / 3. 4. [2 points]

❶ à l'aéroport ❷ à 10 heures
❸ le directeur de la Banque Générale ❹ le rendez-vous chez le dentiste

---

EXERCICE 4 　10 points

〔設問と解説〕

5 つの異なる状況に対応する 5 つの短い対話を聞いてください．それぞれの対話の後に 15 秒あります．それぞれのイラストの下に，対応する対話の番号を記入してください．それから，もう一度対話を聞いて，答えを完成させてください．イラストを見てください．

〔注意 ☞〕イラストは 6 枚ですが（A, B, C, D, E, F），対話は 5 つしかありません．

❶ 会社で故障したコンピューターについて同僚と話しているという状況です．tomber en panne「故障する」，un virus「ウイルス」（ヴィリュスと発音）などは覚えておきたい表現です．イラスト E. を選びます．

❷ ホテルの場所を尋ねるという状況です．イラスト C. を選びます．par ici は「このあたりに，この辺で」という表現です．

❸ グループ旅行中に，ガイドが説明しているという状況です．イラスト B. を選びます．

❹ 対話 4 は，路上でモンマルトルへの行き方を尋ねている場面です．イラスト D が当てはまります．

❺ 対話 5 は，デパートで化粧品売り場の場所を訪ねている場面です．イラスト A. を選びます．produits de beauté は「化粧品」．同義語に les produits de toilette や le cosmétique などがあります．

〔会話文〕

【対話 1】

— Thomas, tu peux venir voir ? Qu'est-ce qui ne va pas avec cet ordinateur ?

> — トマ，ちょっと来て見てくれる？ このコンピューター，何がおかしいの？

— On dirait qu'il est tombé en panne.

> — 故障しちゃったみたいだね．

— Ce n'est pas possible ! À cause d'un simple virus ?
　— ありえないわ！単なるウイルスのせいじゃない？

— Non, ça fait déjà plusieurs années qu'on a acheté cet ordinateur, il est trop vieux.
　— いや，このコンピューターを買ってからもう何年も経ってるし，古すぎるんだと思うよ．

【対話 2】
— Est-ce qu'il y a un hôtel par ici ?
　— この近くにホテルはありますか？

— Il y en a un pas très loin d'ici. Il est seulement à dix minutes à pied.
　— ここからそう遠くないところに 1 つありますよ．歩いて 10 分しかかかりません．

【対話 3】
— Venez par ici, s'il vous plaît ! Je vais maintenant vous amener dans une rue historique du 18e siècle.
　— こちらへどうぞ！これから皆さんを 18 世紀の歴史的な街路にお連れします．

— Les appartements dans cette rue ont plus de deux cents ans d'histoire.
　— この通りのアパルトマンは 200 年以上の歴史があるんだ．

【対話 4】
— Excusez-moi. Est-ce que c'est la bonne direction pour aller à Montmartre ?
　— すみません．モンマルトルへ行くのに方角は正しいですか？

— Non. Vous devez prendre la rue d'en face.
　— いいえ．向かいの通りを行かないとだめですよ．

【対話 5】
— Bonjour. Où est-ce qu'on peut trouver des produits de beauté ?
　— こんにちは．化粧品売り場はどこですか？

— Vous pouvez en trouver au sous-sol du supermarché et aussi au deuxième étage.
　— 地下のスーパーマーケット，それから 3 階にございます．

— Merci.
　— ありがとうございました．

解答 2 points par réponse

| image A Dialogue n°5 | image B Dialogue n°3 | image C Dialogue n°2 |
| image D Dialogue n°4 | image E Dialogue n°1 | image F Dialogue × |

PARTIE 2

読解 Compréhension des écrits

指示にしたがって次の設問に答えてください（選択式は正解に ☒ 印）.

EXERCICE 1 10 points

〔設問と解説〕

あなたはフランスにいます.

この手紙を受け取り, 招待を受け入れます.

2023 年 5 月 10 日

やあ,

エロディーと僕は君がペンテコステの週末（今年は 5 月 28 日）に別荘に来てくれればとても嬉しい.

本当に久しぶりに会う良い機会だね！ 前みたいに, 一緒にサイクリングをしよう！

それから, 絶対君に会わせたい人も招待しているんだ.

僕たちの家は, カンヌの北, ヴァレ・グラースのすぐ近くにある.

もし君の都合が良ければ, 5 月 21 日までに返事をくれないか.

君の返事が OK なのを願ってる. 心を込めて.

君の友, アントニー

---

❶ 設問「**この手紙は誰が書きましたか？**」

❷ 設問「**この手紙は～への招待状です（何が提案されていますか）**」に対し, 選択肢はそれぞれ「友達同士の週末」,「家族の週末」,「田舎での自転車競走」です. テキストの中の Ton ami Anthony から, 友達同士の集まりであることが分かります.

❸ 設問「**彼らの家には何人が集まりますか？**」別荘の所有者アントニーとエロディー, あなた, 名前は分かりませんがもう一人の友達, 合計 4 人が集まる予定です.

❹ 設問「**田舎の別荘はどこにありますか？**」テキストの中の Notre maison est toute proche de la Vallée Grasse, au nord de Cannes. の部分を使って答えましょう.

❺ 設問「**あなたは～までに返事をしなければなりません**」. 選択肢はそれぞれ「5 月 10 日」,「5 月 21 日」,「5 月 28 日」です. テキスト中の merci de nous répondre avant le 21 mai. から解答を導けます.

解答 2 points par réponse

❶ Anthony ❷ Un week-end entre amis ❸ 4 personnes.
❹ Elle est toute proche de la Vallée Grasse, au nord de Cannes.
❺ le 21 mai.

EXERCICE 2 [4 points]

〔設問と解説〕

　「4 人用で，山にあるアパルトマンあるいは一軒家／家賃週 800 ユーロ以内」に該当する物件を探し，以下の設問に答えなくてはなりません．

　3 行広告を読み，設定された要望に適したものを選ぶ問題です．

1.「あなたがかけるのはどの電話番号ですか」

2.「賃貸料は週いくらですか」

3.「部屋の数はいくつですか」

〔各項目の訳〕

(A)　このシャルトルの家は，4 ～ 6 名用で，家賃も条件に合いますが，「山にある住居」という条件に合いません．**offrez-vous** は代名動詞 **s'offrir** ～「自分のために～を奮発する」の命令形で，ここでは「自分へのご褒美にヴァカンスを」というニュアンス．

(B)　このル・カップ・ダグドのステュディオは 2 人用なので条件に合いません．

(C)　このル・ピュイ＝サント＝ルパラドの家は 4 ～ 8 人用と，広さは十分で，**à la montagne**「山に」ありますが，家賃が週 950 ユーロで条件に合いません．

(D)　全ての条件に合致するのはこのサン・モーリス・スュル・モゼルの **chalet**「山荘」です．

解答 1. [2 points] / 2. 3. [1 point]

❶ 03 29 61 50 05. ❷ 400 euros. ❸ 3 chambres.

語 彙

□ au pied de ～　～のふもとに　　□ parking public　公共駐車場

〔設問と解説〕

　文書（主に e-mail）を読み，設定された要望に適したものを選ぶ問題です．実生活で出会う可能性が高いシチュエーションが選ばれています．

　あなたはたった今このメールを受け取りました．以下の設問に答えてください．

差出人 : Daddemenagement@courriel.fr
件名：引越しの見積もり

大変お世話になっております．
本日，電話でお約束した通り，弊社からの引っ越しの見積書と清掃の提案書を添付いたします．どうぞご覧ください．

基本料金 – 650 ユーロ（5 時間）.
アパルトマンの清掃（オプション）— 20 ユーロ / 時間
窓の清掃（オプション）— 25 ユーロ / 時間

ご希望の場合，見積りにお伺いします．
提案書にご同意いただける場合，今週の金曜日までに注文の確認メールをお送りください．
ご質問がある場合，このメールアドレスにご連絡ください．
どうぞよろしくお願い致します．

ダ・シルヴァ・ペドロ
商務代表
DAD Déménagement
+ 01 73 12 13 13 / + 06 07 61 56 22
dad-demenagement.fr 　　 info@dad-demenagement.fr

---

❶「誰がこのメッセージを書きましたか」の問いに対して Le déménageur「引越業者」を選びます．le personnel du pressing は「クリーニング屋の従業員」，le commerçant は「小売商」です．

❷「提案書の基本料金はいくらですか」という問いには，650 ユーロを選びます．

❸「あなたが引っ越しと窓の清掃サービスを 5 時間頼みたい場合，あなたはいくら払わなければなりませんか」という質問です．窓の清掃は 1 時間 25 ユーロですから，5 時間で 125 ユーロです．基本料金と合わせて 775 ユーロになります．

❹「提案書への同意を確認するために，あなたは〜をしなければなりません」という問いには，「メールで答える」が正解です．

解 答　1. 2. 4. [1 point] / 3. [2 points]

❶ Le déménageur.　　　　❷ 650 euros.
❸ 775 euros.　　　　　　❹ répondre par e-mail.

語 彙

□ comme convenu　取り決めのとおり，打ち合わせどおり

EXERCICE 4　6 points

〔設問と解説〕

このフランス語のウェブ広告を読んで，質問に答えてください.

限りない好奇心…

800m² の特別な場所へいらして，世界各地の 300 種以上の水生生物を発見してください！

ここで皆さんはフランスの川魚の名高い標本, 遠い国から来た淡水種, 水棲爬虫類, 多彩な色の熱帯魚に出会うでしょう…

> 300 種以上

> 16 万リットルの水

> 水族館は年中無休で，開館時間は 10 時 30 分〜 18 時（窓口は 17 時 30 分に閉まります）

> 日替わりイベント

情報・連絡先

　リモージュ水族館

　ガンベッタ大通り 2 番地

　87000 リモージュ

　Tél. 05 55 33 42 11

　Fax. 05 55 33 47 78

　E-mail: aquariumdulimousin@gmail.com

　Exercice 4 は主に教育や実習についての情報を読み取る問題です. 本問は，水族館のホームページ上にある情報です.

❶ 設問は「何種類の水生生物に出会うことができますか」.

❷ A. 「陸の動物」, B. 「昆虫」, C. 「熱帯魚」の中から，あなたが見ることができる生

き物を選びます.

❸「何時までに水族館へ入らなければなりませんか」という設問です. 閉館時間は 18 時となっていますが, その後の注意事項に「窓口は 17 時 30 分に閉まります」とありますから, 17 時 30 分までに入館しなければなりません.

解答 2 points par réponse

❶ plus de 300 espèces　　❷ C.　　❸ Avant 17 heures 30.

PARTIE 3

文書作成 Production écrite

EXERCICE 1 　[10 points]

〔設問と解説〕

あなたは短期滞在ビザの申請をします. 申込用紙に記入してください.

Partie 3 は「文書作成（筆記試験）」で, 二つの大問があります. 一つ目は, 書式に簡単な必要事項を記入する問題です. 姓, 名, 国籍, 住所, メールアドレスなどについて準備しておきましょう. DELF・DALF 上位級で問われる résumé（要約）や compte rendu（リポート）への第一歩です.

ここでは, 順に「性, 名, 誕生日, 出生地, 出生国, 国籍, 性別（記入する必要なし）, 民事身分 (état civil), 現職, 雇用者の名前・住所・電話番号／学生の場合, 教育機関の住所」の項目が問われています. 民事身分というのは,（独身, 既婚, 離婚）の別です.

解答例 1.-6. 8. 9. [1 point] / 10. [2 points]

1　Nom : Durand

2　Prénom : Nicolas

3　Date de naissance : 10-03-2007

4　Lieu de naissance : Nîmes

5　Pays de naissance : France

6　Nationalité : française

8　Etat Civil : célibataire

9　Profession actuelle : étudiant

10　Université de Toulouse, 2 rue du Doyen Gabriel Marty, 31042, Toulouse

---

EXERCICE 2 [15 points]

〔設問と解説〕

　　あなたは友人たちと郊外の大きな公園でバーベキューをする予定です．友達のフィリップをこのバーベキューに誘うために手紙を書いてください．彼に何かを持ってくるように頼んでください．（40 語以上）

　　Exercice 2 は，状況が設定され，その状況に応じた短い文章を書かせる問題です．

解答例

Salut Philippe ! Avec Julien, on va organiser un barbecue samedi prochain à la Ferme de Galley comme l'année dernière. Tu peux venir, toi aussi ? Julien va apporter son barbecue sur pied. Les autres vont apporter de la viande, et moi, les boissons. Si tu viens, peux-tu apporter un gâteau, s'il te plaît. Merci par avance.

[votre prénom]

> Salut フィリップ！ 今度の土曜日，ジュリアンと一緒に，去年のようにフェルム・ド・ガレーでバーベキューをするつもりなんだ．君も来れる？ ジュリアンはバーベキュー台を持って来てくれる．他の友達は肉，僕は飲み物を持って行くんだ．もし来れるなら，ケーキを持って来てくれるかい？ ありがとう！ （あなたの名前）

〔採点基準についての概説〕については p.117 参照.

語　彙

□ barbecue sur pied　バーベキュー台　　　□ par avance　あらかじめ，前もって

PARTIE 4

口頭表現 （口頭試験） Production orale [25 points]

　　Partie 4 は (1) **自己紹介**，(2) **キーワードを利用した試験官への質問**，(3) **ロールプレイング** の 3 部に分かれています．最初に試験官から，試験は 3 部に分かれていることが伝えられ，第 2 部で使われるキーワードが記されたカード，写真あるいはイラスト，第 3 部で使われる紙幣・硬貨が手渡されます．受験者は試験前に 10 分間の準備時間があります．この 10 分間で，第 2・第 3 部の準備をします．試験時間は 5 〜 7 分です．

■ Entretien dirigé [= 第 1 部]　自己紹介

模擬試験 [1] (p.118) 参照.

質問例（面接・カードに記された単語）43

Portable 携帯電話	Utilisez-vous souvent votre portable ? / Combien de fois par jour est-ce que vous utilisez votre portable ? よく携帯電話を使いますか？／携帯電話を 1 日に何回使いますか？
Sport スポーツ	Quel est votre sport préféré ? / Qu'est-ce que vous faites comme sport ? あなたの好きなスポーツは何ですか？／どんなスポーツをしますか？
Stylo ペン	Quelle est la couleur de votre stylo ? / Combien de stylos avez-vous ? あなたのペンの色は何ですか？／ペンを何本持っていますか？
Santé 健康	Qu'est-ce que vous faites pour rester en bonne santé ? 健康を保つために何をしていますか？
Marché 市場	Est-ce qu'il y a des marchés dans votre pays ? / Combien de fois par semaine est-ce que vous allez au marché ? あなたの国に市場がありますか？／週に何回市場に行きますか？
Déjeuner 昼食	Où est-ce que vous prenez votre déjeuner ? / Vous prenez votre déjeuner avec qui ? 昼食をどこで食べますか？／昼食を誰と食べますか？
Musée 美術館（博物館）	Vous aimez aller au musée ? / Vous allez au musée combien de fois par an ? 美術館に行くのが好きですか？／年に何回美術館に行きますか？
Poste 郵便局 [la poste] / ポスト，職務 [le poste]	[la] Est-ce qu'il y a une poste près de chez vous ? / [la] Où se trouve la poste la plus proche d'ici ? / [le] Comment avez-vous eu votre poste actuel ? あなたの家のそばに郵便局はありますか？／ ここ〔試験会場〕に一番近い郵便局はどこですか？／ 今のポストはどうやって見つけましたか？
Maladie 病気	Que faites-vous quand vous êtes malade ? 病気の時，何をしますか？
Musique 音楽	Quel genre de musique écoutez-vous ? / Vous jouez du piano ? どんなジャンルの音楽を聴きますか？／あなたはピアノを弾きますか？

Merci. L'exercice 2 est terminé. Nous passons maintenant à l'exercice 3.
　ありがとうございました．試験の第 2 部は終わりました．これから第 3 部に移りましょう．

■ **Dialogue simulé** [= 第3部] ロールプレイング

受験者はまず2つのテーマをくじ引きで選んでください．そのうち1つを選んでください．そして，記されたシチュエーションを演じます．面接官が相手の役を演じます．

設問文には，「あなたが買いたい，あるいは注文したい商品の値段について尋ねてください．希望する数量を求めてください．支払いには，硬貨・紙幣の写真を使ってください．」とあります．値段を尋ねる表現，数量を尋ねる表現などを確認しておきましょう．

また，「その場にふさわしい丁寧な言葉遣いに気を付けてください．」とありますから，基本的な丁寧表現も確認しておいてください．

〔テーマ〕

Sujet 1 花屋で

あなたはモンペリエのホストファミリーの家に住んでいます．あなたはホストファミリーの母親の誕生日のために花を買いに行きます．花屋へ行き，質問し，花束を買って，支払います．

面接官が売り手の役を演じます．

 質問例 44

Bonjour. Je voudrais un grand bouquet de fleurs, s'il vous plaît.
　こんにちは．大きな花束が欲しいんですが．

Est-ce que vous avez des roses ?
　バラはありますか？

Je voudrais aussi une orchidée blanche.
　白いランも欲しいんですが．

C'est pour l'anniversaire de la mère de ma famille d'accueil. Qu'est-ce que vous recommandez comme bouquet ?
　ホストファミリーの母親の誕生日のための花束なんです．何がお薦めですか？

Je vous dois combien ?
　おいくらですか？

Je cherche un pot de fleurs.
　植木鉢を探しています．

Merci. Bonne journée et au revoir.
　ありがとうございます．（良い1日を，）さようなら．

語 彙

□ rose バラ　　　　　　□ tulipe チューリップ　　□ lys ユリ
□ chrysanthème 菊　　　□ violette スミレ　　　　□ œillet カーネーション

Sujet 2 デパートで

夏，あなたはボルドーにいます．あなたはデパートに服を買いに行きます．質問し，服を1着か2着選んで，支払ってください．

面接官が売り手の役を演じます．

質問例 45

Bonjour. Je voudrais une écharpe.
こんにちは．スカーフが欲しいんですが．

Je voudrais voir la jupe rouge dans la vitrine.
ショーウインドーにあった，赤いスカートを見たいんですが．

Je crois qu'elle est trop longue pour moi.
これは丈が長すぎると思います．

Où est la cabine d'essayage ?
試着室はどこですか？

Vous acceptez les cartes bancaires ?
カードは使えますか？

Je peux payer par chèque ?
小切手で支払えますか？

Merci. Au revoir et bon après-midi.
ありがとうございます．さようなら．

語 彙

□ robe ドレス，ワンピース　　□ jupe スカート　　□ T-shirt Tシャツ
□ écharpe スカーフ　　□ veste ジャケット

PARTIE 1

聴解　Compréhension de l'oral

　国民教育省，国際教育研究センター．「ヨーロッパ共通参照枠組み」の A1 レベル・DELF，口頭試験〔共通〕

　指示にしたがって次の設問に答えてください（選択式は正解に ☒ 印）．

EXERCICE 1　4 points

〔設問と解説〕

　問題文は 2 回読まれます．2 回のリスニングの間には 30 秒あり，リスニングの後にも解答を確認するために 30 秒あります．まず，設問を読んでください．

　あなたは電車でトゥールーズへ行きます．質問に答えてください．

❶「**電車は何時に出発しますか**」という設問です．

❷ ホームの番号を尋ねています．

〔スクリプト〕

Le train Corail Intercités numéro 4111 (quatre mille cent onze), à destination de Toulouse Matabiau, départ 9h15, est annoncé voie 9.

　9 時 15 分発，トゥールーズ・マタビオ駅行き，コライユ・アンテルシテ 4111 号は 9 番ホームからです．

> **解答**　2 points par réponse
>
> ❶ 9h15.　　❷ numéro 9.

語　彙

□ (les voitures) Corail　1975 年に登場したフランス国鉄の新型旅客車．

□ Intercité（アンテルシテ）フランス国鉄による在来線特急列車の列車種別．

□ à destination de 〜　〜行きの

EXERCICE 2　5 points

〔設問と解説〕

　50 語程度の文章が 2 回読まれます．2 回のリスニングの間には 30 秒のポーズがあり，リスニングの後にも解答を確認するために 30 秒あります．

　留守番電話に残されたメッセージを聞いて，設問に答えてください．

❶「**誰が話していますか**」．

❷「**彼女は何を求めていますか**」récupérer「〜を取り戻す，回収する」から，隣人

が小包を預かってくれているという状況が分かります．1番目の「あなたの小包を引き取る」を選びます．他の選択肢はそれぞれ「彼女（隣人）の小包を引き取る」，「郵便局へ行く」です．

❸ 小包を預かってくれている隣人の家に「いつ」行けばいいのか，という設問です．彼女は明日の午後から出かけなくてはならない，と話していますから，demain matin「明日の午前中（朝）」と答えましょう．

❹ 「隣人はレンヌに何をしに行きますか」という問いには，Pour ＋ 動詞の不定詞を使って，Pour voir sa fille「彼女の娘に会いに」と答えましょう．

〔スクリプト〕

Allô. C'est Brigitte. Ta voisine d'en face. Cet après-midi, j'ai reçu un colis à ta place. Peux-tu, s'il te plaît, passer chez moi pour le récupérer ? Par contre, je dois partir demain après-midi pour voir ma fille à Rennes. Tu peux venir ce soir ou demain matin ? À tout à l'heure, j'espère.

> もしもし．向かいに住んでるブリジットよ．今日の午後，あなたの代わりに小包を受け取っておいたわ．私の家に引き取りに来てくれる？ ただ，私は明日の午後，娘に会いにレンヌに行かなくちゃいけないの．だから，今晩か，明日の午前中に来てくれる？ 後でね．

解 答　1. 2. 3. [1 point] / 4. [2 points]

❶ Brigitte / Ma voisine Brigitte.　❷ de récupérer votre colis.
❸ demain matin.　❹ Pour voir sa fille.

EXERCICE 3　6 points

〔設問と解説〕

　問題文は2回読まれます．2回のリスニングの間には30秒あり，リスニングの後にも解答を確認するために30秒あります．設問を読んでください．

　留守番電話に残されたメッセージを聞いて，設問に答えてください．

❶ 「これは…です」という設問に対し，「修理工場からのメッセージ」を選びます．他の選択肢はそれぞれ「車の宣伝」，「修理の依頼」です．

❷ 「誰が話していますか」という設問に対し，選択肢はそれぞれ「友達」，「自動車修理工」，「同僚」です．「自動車修理工」が正解です．

❸ 「あなたは何を求められていますか？」という設問に対し，「借りた車（代車）を返却する」を選びます．その他の選択肢はそれぞれ「午前9時から午後6時までの間に修理工場へ行く」，「車をレンタルする」です．demander à 人 de ＋不定詞は「人に～することを求める」という言い回し．

❹ 「どの電話番号にかけなければなりませんか？」という設問です．73, 20, 98 という2けたの数字をしっかり書き取りましょう．

〔スクリプト〕

Bonjour, c'est votre garage FeuVert. Nous avons fini la réparation de votre voiture. Merci de venir chercher votre voiture, et nous retourner la voiture que nous vous avons prêtée. Pouvez-vous rappeler d'abord le 01 43 73 20 98 entre 9h et 18h pour nous indiquer quand vous souhaitez venir ? Bonne journée.

こんにちは．FeuVert 修理工場です．お車の修理が終了しました．お車のお引き取りと，お貸ししている車のご返却をお願いします．まずは午前 9 時から午後 6 時までの間に電話番号 01 43 73 20 98 にご希望の引き取り時間をお知らせいただけますか？よろしくお願いします（良い 1 日を）．

解答 1. 2. [1 point] / 3. 4. [2 points]

❶ Un message du garage.   ❷ Un garagiste
❸ rendre la voiture prêtée.   ❹ 01 43 (73) (20) (98)

EXERCICE 4 10 points

〔設問と解説〕

録音された対話を聞いて，それぞれの対話に対応するイラストを選ぶ問題です．イラストの数が 1 つ多いので，該当しないものが 1 つあります．

❶ 会社でコンピューターの調子が悪くなったという状況です．s'y connaître en qc. は「〜に精通している，詳しい」という意味の成句．イラスト D. を選びます．

❷ タクシーから降車するという状況です．s'arrêter「（車が）止まる」，On est arrivé.「（私たちは）到着しました」などから，タクシー乗車中の客と運転手の会話であると分かります．イラスト A. を選びます．

❸ 交差点での交通事故という状況です．主語が疑問の表現 Qu'est-ce qui「何が」＋動詞 se passer「〔事が〕起こる」の過去形で「何が起こったのか」という意味です．イラスト F. を選びます．

❹ 丈が長すぎたスカートを，買った店で交換してもらうという状況です．échanger「交換する」，le reçu「領収書」などの言葉から，商店で，購入した商品の交換を求めている状況を聞き取ります．イラスト B. を選びます．

❺ ホテルのフロントで部屋を決めている状況です．イラスト C. を選びます．

〔会話文〕

【対話 1】

— Mon ordinateur a un problème.
　— 僕のコンピューター，故障したみたいだ．

— Demande à Nicolas. Lui, il s'y connaît bien en ordinateur.
　— ニコラに聞いてみよ．彼はコンピューターに詳しいから．

【対話 2】
— Monsieur, arrêtez-vous ici, s'il vous plaît. On est arrivé.
  — すみません．ここで止めてください．着きました．
— D'accord.
  — 分かりました．
— Combien ça coûte ?
  — いくらですか？
— 15 euros, s'il vous plaît.
  — 15 ユーロお願いします．
— Voilà.
  — どうぞ．

【対話 3】
— Qu'est-ce qui s'est passé ? Il y a beaucoup de gens !
  — 何があったのかな．人がたくさん集まってるけど…．
— Il y a eu un accident au carrefour.
  — 交差点で事故があったんだ．

【対話 4】
— J'ai acheté une jupe ici hier, mais elle est un peu trop grande pour moi. Est-ce que je peux l'échanger ?
  — 昨日ここでスカートを買ったんですけど，丈が長すぎたんです．交換してもらえますか？
— Oui, bien sûr. Pouvez-vous d'abord me montrer le reçu, s'il vous plaît ?
  — はい，もちろんです．まず，領収書を見せていただけますか？

【対話 5】
— Bonjour Monsieur.
  — こんにちは．
— Bonjour, une chambre, s'il vous plaît.
  — こんにちは．1部屋お願いします．
— Bien sûr Monsieur, au cinquième étage, avec une belle vue sur la tour Eiffel ?
  — わかりました．エッフェル塔がよく見える6階のお部屋はいかがですか．
— C'est super. Quel est le prix ?
  — すごいですね．いくらですか？
— 220 euros.
  — 220 ユーロです．

解答	2 points par réponse

| image A Dialogue n°2 | image B Dialogue n°4 | image C Dialogue n°5 |
| image D Dialogue n°1 | image E Dialogue × | image F Dialogue n°3 |

PARTIE 2

読解 Compréhension des écrits

指示にしたがって次の設問に答えてください（選択式は正解に ☒ 印）.

10 points

〔設問と解説〕

あなたはフランスにいます.

この文書を受け取りました.

Salut !

今ヴァカンスで，カナダのモントリオールに住んでる従妹のエンマの家に来てるの.
とても楽しいわ．湖へ行ったり，サイクリングをしたり，テニスをしたりしてるの.
今, エンマと一緒に，山にある小さなおいしいレストランでランチを食べてるところ.
明日は，お城を観に行く予定なの.
月曜の夜に，飛行機でパリに戻るわ．時間があったら電話してね.
離れてるけど，あなたのこと考えてるわ.
もうすぐ帰るね.
Bisous（キス）.
カミーユ

---

❶ 設問「**これは何ですか**」に，carte postale「葉書」，courriel「e-mail」，publicité 「広告」の中から選びます.

❷「**カミーユはどこにいますか**」には, À Montréal au Canada「カナダのモントリオール」と答えましょう.

❸「**彼女は今何をしているところですか**」という設問です．nous sommes en train de déjeuner dans un délicieux petit restaurant とありますから，B を選べます. être en train de 不定詞は「～しているところです」.

❹「**カミーユはパリにいつ戻りますか**」という設問に，「土曜日」，「日曜日」，「月曜日」の中から選びます.

❺ 設問「**カミーユは，あなたに～を望んでいる**」．選択肢はそれぞれ「電話をかける」，「葉書を書く」，「メールを書く」で，本文中に tu peux m'appeler ? とありますから，「電話をかける」を選ぶことができます．appeler は téléphoner の意味です.

解答 2 points par réponse

❶ Une carte postale.　❷ À Montréal au Canada.　❸ B.
❹ Lundi　❺ téléphoner

〔設問と解説〕

　3行広告を読み，設定された要望に適したものを選ぶ問題です．

　あなたはフランスにいます．あなたには子供が一人います．そして，リヨンの中心街で，少なくとも寝室が2つあるアパルトマンを探しています．インターネット上で下記の広告を読んで，以下の設問に答えてください．

❶「あなたがかけるのはどの電話番号ですか」

❷「賃貸料は月いくらですか」

❸「寝室の数はいくつですか」．chambre は「寝室」，pièce は「部屋，間」の意味です．

〔各項目の解説〕

(A)　このアパルトマンは，リヨンの中心にあり（8区），寝室も2つあり，学校も近いので，条件にぴったりです．quartier calme「静かな界隈」，5 minutes à pied d'un arrêt de bus et de 2 lignes de tramway「バス停とトラムウェイ2路線から徒歩5分」などの表現にも慣れておきましょう．charges comprises は「管理費込み」で CC と略されることもあります．ちなみに，その逆は Hors charges（= HC）「管理費抜きの値段」です．

(B)　このステュディオは，中心街（3区）にありますが，18平方メートルで，部屋が1つしかないので，条件に合いません．digicode はセキュリティーのために建物の入り口に設置してあるドアコードのことです．

(C)　この広い家は寝室が4つありますが，リヨンの中心街から電車で15分離れたところにあるので，条件に合いません．

(D)　このアパルトマンは，たしかに centre-ville「中心街」とありますが，リヨンではなく，ヴィユールバンヌというリヨン郊外の都市のことなので条件に合いません．また，寝室も1つしかありません．cuisine avec plaque vitrocéramique は「IH クッキングヒーター」のことです．

解答　1. [1 point] / 2. 3. [2 points]

❶ 06.52.61.44.59.　　❷ 890 euros.　　❸ 2.

〔設問と解説〕

　あなたはフランスの病院で働いています．たった今このメールを受け取りました．以下の設問に答えてください．

　文書（主に e-mail）を読み，設定された要望に適したものを選ぶ問題です．実生活で出会う可能性が高いシチュエーションが選ばれています．

差出人：Eric.Girard@hopital.fr
件名：病院長との会合

病院の従業員の皆さん
明後日，病院長のゴーティエ博士が病院の経営戦略について発表します.
会合は明後日 6 月 20 日（水），201 号室で 20 時からです.
病院の展望について話し合う良い機会になると思います.
是非いらしてください.
皆さん，良い一日を.
エリック・ジラール

❶ 設問「このメッセージは誰に宛てたものですか」に対して Aux salariés「従業員に」
を選びます．Aux médecins は「医者に」，Aux patients は「患者に」です.
❷「会合はどこで開かれますか」という設問には，201 号室を選びます．salle de
conférence(s) は「講堂」です.
❸「会合はいつ開かれますか」という設問です．après-demain「あさって」を選び
ます.
❹ 設問「**病院長は何について発表するのですか**」には，la stratégie de l'hôpital「病院
の（経営）戦略」と答えるのがいいでしょう.

解答 1. 2. 3. [1 point] / 4. [2 points]

❶ Aux salariés.　　❷ Dans la salle 201.　　❸ après-demain.
❹ La stratégie de l'hôpital.

語彙
□ À l'attention de ～　～様あて（手紙）／～へ向けて，を対象に

EXERCICE 4 5 points

〔設問と解説〕
　このフランス語のウェブ広告を読んで，質問に答えてください.

プール「Plein-Sud」は 2023 年 8 月 28 日から 9 月 17 日まで閉館し，9 月 18 日
に営業再開します.
このリニューアルされたプールは以下の設備を提供します.
－ 競技用の 25 メートルプールを備えた屋内施設

― レッスンとレクリエーションのための水泳スペース

― サウナとサンルーム〔日光浴室〕を備えた健康スペース

開館時間：9 時〜 19 時

入場料（1 人）
　6 歳未満：無料
　6 〜 18 歳：1.8 ユーロ
　18 歳以上：2.4 ユーロ

健康スペース
　入場料（1 人）：5 ユーロ

水泳のグループレッスン［要予約］
　レッスン料（1 人）
　18 歳未満：4.4 ユーロ
　18 歳以上：5.6 ユーロ

本問は，プールの営業案内の読解です．

❶ 設問は「**プールはいつから営業を再開しますか**」．「**8 月 28 日から 9 月 17 日まで閉館し，9 月 18 日に営業再開する**」とあります．

❷ 設問は「**競技用のプールは何メートルですか**」．bassin は「**プール；洗面器**」という意味の男性名詞．

❸「**開館時間 (horaires d'ouverture)**」が問われています．

❹「**健康スペースへの入場料はいくらですか**」という設問です．プールとは別に，サウナを備えた部屋が併設されていて，そこへの入場は別料金が必要と記されています．(être) composé de 〜 は「〜で構成された」，le sauna「サウナ浴場」，le solarium「日光浴室（サンルーム）」．

❺「**あなたの二人の子供（19 歳と 15 歳）が，水泳のグループレッスンを受講する場合，いくらかかりますか？**」という設問です．18 歳未満は 4.4 ユーロ，18 歳以上は 5.6 ユーロとありますから，合計 10 ユーロになります．

解 答　1 point par réponse

❶ À partir du 18 septembre 2023 / Le 18 septembre 2023

❷ 25 mètres　　❸ De 9h à 19h

❹ 5 euros　　❺ 10 euros

PARTIE 3

文書作成 Production écrite

EXERCICE 1 [10 points]

〔設問と解説〕

Partie 3 は「文書作成（筆記試験）」で，二つの大問があります．一つ目は，書式に簡単な必要事項を記入する問題です．姓，名，国籍，住所，メールアドレスなどについて準備しておきましょう．

ここでは「スーパーマーケットのお得意様カード／ポイントカード（carte de fidélité）の申込用紙に記入してください」という設問で，項目は順に「性, 名, 誕生日, 住所, 電子メール, 職業」で，7 の質問は「スーパーで週に何回買い物をしますか」です．

4 の注意書きは「住所はお客様への連絡，特に返品が生じた場合に必要となります」という意味です．

解答例 1. 2. 5. 7. [1 point] / 3. 4. 6. [2 points]

1 Nom : Sasaki
2 Prénom : Tomoko
3 Date de naissance : le 28 juin 1969
4 Adresse : 93, Rue de Marseille, 69007, Lyon.
5 E-mail* : Tomoko.sasaki@free.com
6 Profession : infirmière （看護士）
7 une fois par semaine. （週に 1 回）

EXERCICE 2 [15 points]

〔設問と解説〕

あなたは 7 月にヴァカンスでアヴィニョンにいます．フランス人の友達に葉書を書いてください．（40 語以上）

大問 2 は，状況が設定され，その状況に応じた短い文章を書かせる問題です．

解答例

Salut Pauline !
Je suis à Avignon depuis une semaine. Il fait un peu chaud ici, mais je m'amuse beaucoup ! Hier, j'ai visité la résidence du Pape. C'était formidable ! Aujourd'hui, je vais aller voir une pièce de théâtre. Il y a aussi beaucoup de spectacles dans la rue ! Je rentre dimanche soir. À très vite !
[votre prénom]

やあ，ポーリーヌ！
1週間前からアヴィニョンに来ているんだ．ここは少し暑いけど，とても楽しんでるよ！昨日は教皇庁を観に行ったんだ．素晴らしかったよ！今日は演劇を観に行く予定なんだ．路上でも見世物がたくさん観れるんだ！日曜の夜に戻るよ．またね！
（あなたの名前）

〔採点基準についての概説〕については p.117 参照.

PARTIE 4

口頭表現（口頭試験）Production orale　25 points

　Partie 4 は (1) 自己紹介，(2) キーワードを利用した試験官への質問，(3) ロールプレイング の3部に分かれています．最初に試験官から，試験は3部に分かれていることが伝えられ，第2部で使われるキーワードが記されたカード，写真あるいはイラスト，第3部で使われる紙幣・硬貨が手渡されます．受験者は試験前に 10 分間の準備時間があります．この 10 分間で，第2・第3部の準備をします．試験時間は 5 〜 7 分です．

■ Entretien dirigé [= 第1部]　自己紹介
模擬試験 [1] (p.118) 参照.

■ Échange d'informations [= 第2部]　キーワードを利用した試験官への質問
模擬試験 [1] (p.120) 参照.

質問例（面接・カードに記された単語）　🎧46

Concert コンサート	Vous aimez aller aux concerts ? / Quel est le dernier concert que vous avez vu ? コンサートへ行くのが好きですか？／ あなたが最後に観たコンサートは何ですか？
Télévision テレビ	Vous regardez souvent la télé ? / Quel genre d'émission aimez-vous ? よくテレビを観ますか？／どんなジャンルの番組が好きですか？
Restaurant レストラン	Vous allez souvent au restaurant ? / Vous préférez aller au restaurant ou faire la cuisine vous-même ? よくレストランへ行きますか？／外食と自炊とどちらが好きですか？
Moyen de transport 交通手段	Quel est votre moyen de transport favori ? / Vous choisissez quels moyens de transports pour partir en vacances ? 好きな交通手段は何ですか？／ ヴァカンスへ行くのにどんな交通手段を使いますか？

Animaux 動物	Vous avez des animaux ? / Quels animaux aimez-vous ?
	動物を飼っていますか？／どんな動物が好きですか？

Dîner 夕食	Vous dînez souvent en ville ? / Qui invitez-vous à dîner ?
	町でよく外食をしますか？／夕食へ誰を招きますか？

Famille 家族	Est-ce que vous prenez votre petit déjeuner avec votre famille ?
	家族といっしょに朝食を食べますか？

Chemin de fer 鉄道	Vous prenez le train pour aller au travail ?
	仕事へ行くのに電車を使いますか？

Week-end 週末	Qu'est-ce que vous faites le week-end ?
	週末に何をしますか？

Téléphone 電話	Est-ce que vous avez un téléphone portable ? / À qui téléphonez-vous le plus souvent ?
	携帯電話を持っていますか？／たいていの場合，誰と電話で話しますか？

■ Dialogue simulé [= exercice 3] ロールプレイング

　受験者はまず2つのテーマをくじ引きで選んでください．そのうち1つを選んでください．そして，記されたシチュエーションを演じます．面接官が相手の役を演じます．

　設問文には，「あなたが買いたい，あるいは注文したい商品の値段について尋ねてください．希望する数量を求めてください．支払いには，硬貨・紙幣の写真を使ってください．」とあります．値段を尋ねる表現，数量を尋ねる表現などを確認しておきましょう．

　また，「その場にふさわしい丁寧な言葉遣いに気を付けてください．」とあるように，基本的な丁寧表現も確認しておいてください．

〔テーマ〕

Sujet 1 パン屋兼パティスリー（菓子屋）で

　あなたはリヨンの友達の一人に勧められたパン屋兼パティスリーを見つけたところです．あなたはそのパン屋兼パティスリーに入り，何かを注文します．会計を頼んで，支払ってください．

　面接官が売り手の役を演じます．

質問例 🔊47

Bonjour. Je voudrais un croissant, deux pains au chocolat et une brioche, s'il vous plaît.

　こんにちは．クロワッサンを1つ，チョコレートパンを2つ，それからブリオッシュを1つお願いします．

J'aimerais commander un gâteau d'anniversaire, s'il vous plaît.

バースデーケーキを注文したいんですが.

Je voudrais une bûche de Noël.

ビュッシュ・ド・ノエル（薪をかたどったクリスマスケーキ）が欲しいんですが.

Je voudrais une tarte pour 8 personnes.

8人分のタルトが欲しいんですが.

Je n'ai pas de monnaie. Je peux payer par carte bancaire ?

小銭がありません. 銀行カードで払えますか？

語 彙

□ gâteau au chocolat チョコレートケーキ   □ éclair エクレア   □ macaron マカロン
□ gâteau aux framboises ラズベリーケーキ   □ tarte aux pommes アップルパイ

Sujet 2 ペット屋で

　あなたはフランスの一軒家に住み始めます. ペットを飼いたいと思っています. ペット屋へ行って，質問します. ペットを選んで，支払います.

　面接官が売り手の役を演じます.

質問例 48

Bonjour. Je voudrais avoir un chien.

こんにちは. 犬が欲しいんですが.

Je cherche un chien de taille moyenne.

中型の犬を探しています.

Ce chat a de beaux yeux.

この猫はきれいな目をしています.

Avant j'avais un chat roux qui était très intelligent. Je voudrais en avoir un comme lui.

以前，とても賢い赤毛の猫を買っていました. 同じような猫が欲しいんですが.

J'aime bien les chats siamois, mais il paraît qu'ils sont très chers.

私はシャムネコが好きでが，とても高いみたいです.

J'ai envie de prendre un animal de compagnie, mais un petit, du genre rongeur. Est-ce que vous avez des hamsters ?

私はネズミ系の小型のペットが欲しいんです. ハムスターはいますか？

語 彙

□ chat 猫   □ chien 犬   □ oiseau 鳥
□ poisson rouge 金魚   □ hamster ハムスター

基本的な文法事項 ─────────────

1)　名詞と形容詞の男女の一致

- 英語と違い，フランス語では形容詞も形が変化します．原則として，形容詞の男性単数形の後ろに -e を付けると女性単数形になります．

  【例】un homme français, une femme française

2)　名詞と形容詞の単複の一致

- 原則として，名詞も形容詞も，（男性・女性）単数形の後ろに -s をつけると複数形になります．

  【例】une maison, deux maisons

3)　不定冠詞

	単数	複数
男性	un	des
女性	une	

- 不定冠詞は，特定できない人や物を指します．

  【例】Un homme et une femme sont assis sur un banc.
  　　　ベンチに男女が座っている．（誰かは分かりません）

  　　　Il y a des livres sur la table.
  　　　テーブルの上に本が置いてある．（どの本が置いてあるかは明記されていません）

4)　定冠詞

	単数	複数
男性	le	les
女性	la	

- 定冠詞は，識別可能な人や物を指します．

  【例】Le cours d'anglais a commencé. Le professeur est sévère.
  　　　英語の授業が始まりました．先生は厳しいです．
  　　　→ 話者のクラスと話者の先生のことを話しています．

- 定冠詞は，物事や人の一般的なカテゴリーを指します．

  【例】Les Suisses sont bilingues.
  　　　スイス人はバイリンガルです．

〈注意〉次のような前置詞と le / les の縮約形に注意してください.

à + le → au　　à + les → aux　　【例】Je parle au directeur.
de + le → du　de + les → des　　【例】Je parle du directeur.

4)^b 指示形容詞 Les adjectifs démonstratifs

	男性	女性
単数（この・あの）	ce / cet	cette
複数（これらの・あれらの）	ces	

- 指示形容詞は人や物を指定するのに使われます.
  〈注意〉男性名詞が母音または無音の h で始まる場合は cet を使います.

5) 無冠詞のケース：être ＋職業

【例】Je suis médecin. / Je suis étudiant(e). / Je suis professeur.

6) 基数

- p.19 参照.

7) 主語人称代名詞
7)^b 人称代名詞強勢形

主語人称代名詞	je	tu	il	elle	nous	vous	ils	elles
人称代名詞強勢形	moi	toi	lui	elle	nous	vous	eux	elles
	私	君	彼	彼女	私たち	あなた	彼ら	彼女ら

8) 直説法現在：状態，描写

- 直説法現在は現在話者がしていることを指します．英文法の「現在進行形」
  も兼ねています.
  【例】Sophie parle français.
  ソフィーはフランス語を話します. / ソフィーはフランス語を話しています.
  活用については 9) 参照.

8)[b] être en train de ＋不定詞「〜している最中だ」

- 上記のように，直説法現在も「〜している」の意味がありますが，「〜している最中だ」を強調したい時には, être en train de ＋不定詞という言い回しが使えます.

  【例】Samantha est en train de téléphponer à son copain.
  サマンタは彼氏に電話している最中です.

  Avec Emma, nous sommes en train de déjeuner dans un délicieux petit restaurant à la montagne.
  今，エンマと一緒に，山にある小さなおいしいレストランでランチを食べてるところ.

9) 重要な -er 動詞

- -er 動詞はフランス語の動詞の 90%以上を占めるので非常に重要です.

直説法現在

	1 habiter *(to live)*	2 travailler *(to work)*	3 parler *(to speak)*
je / j'	habite	travaille	parle
tu	habites	travailles	parles
il / elle	habite	travaille	parle
nous	habitons	travaillons	parlons
vous	habitez	travaillez	parlez
ils / elles	habitent	travaillent	parlent

〈注意〉上記の規則的活用とほぼ同じですが,綴りが微妙に変わる動詞に注意してください.

4 commencer *(to start)*   5 manger *(to eat)*

nous commençons   nous mangeons

- -er 動詞の次に多い -ir 動詞についても確認しておきましょう.
  動詞の -ir には 3 つのタイプがあります.

  1. « ouvrir（開ける）» タイプ：語幹（変化しない部分）が 1 つで，-er 動詞と同じ語尾を持ちます. 同じタイプに couvrir（覆う）, offrir（贈る）, souffrir（苦しむ）などがあります.

     1 ouvrir *(to open)*

	j'ouvre
tu	ouvres
il / elle	ouvre
nous	ouvrons
vous	ouvrez
ils / elles	ouvrent

2. « finir（終える）» タイプ：語幹は 1 つですが, -er 動詞とは語尾が違います. 同じタイプに choisir（選ぶ）, grandir（大きくなる）, réfléchir（よく考える）などがあります.

　　2 finir (to finish)

　　　je　　　　fin**is**
　　　tu　　　　fin**is**
　　　il / elle　fin**it**
　　　nous　　　fin**issons**
　　　vous　　　fin**issez**
　　　ils / elles　fin**issent**

3. « sortir（外出する）» タイプ：語幹が 2 つあります. 同じタイプに dormir（眠る）, partir（出発する）, sentir（感じる）などがあります.

　　3 sortir (to go out)

　　　je　　　　sor**s**
　　　tu　　　　sor**s**　　　　　　　　語幹 1：sor-
　　　il / elle　sor**t**
　　　nous　　　sor**tons**
　　　vous　　　sor**tez**　　　　　　　語幹 2：sort-
　　　ils / elles　sor**tent**

10) 否定 ne … pas

- 否定形の作り方［ne ＋ 動詞 ＋ pas］（～でない）
　ただし, 母音で始まる動詞の場合は,［n' ＋ 動詞 ＋ pas］

　【例】Je n'aime pas les carottes.　　　私はニンジンが嫌いです.

A2レベル

10)ᵇ 否定の表現：ne … pas ／ ne … jamais ／ ne … rien ／ ne … personne

- 否定の表現は, ne … pas（～でない）の他に, ne … jamais（けっして～ない／一度も～ない）, ne … rien（何も～ない）, ne … personne（誰も～ない）をおさえておきましょう.

　【例】Il ne fume jamais.　　　　　　彼はタバコを一度も吸ったことがありません.

　　　Je dors avec mon téléphone portable à côté du lit pour ne rien rater.
　　　私は何も見逃さないようにベッドの隣に携帯を置いて寝ています.

　　　Je ne connais personne.　　　私は誰も知りません.

10)ᶜ シンプルな疑問文：3 つの形

- 疑問形には 3 つの形があります.

    〈倒置〉 As-tu soif ?

    → この形式は，文章や（非常に）フォーマルな口頭表現で使われます.

    〈est-ce que〉 Est-ce que tu as soif ?

    → この形式は，口頭でも書面でも，また非公式でも正式な場面でも使われます.

    〈語尾を上げる〉 Tu as soif ?

    → この形式は，口頭で，または非公式な文書通信（友人への電子メール，SMS など）で使われます.

- 口頭表現（面接）では，質問の表現を変え，動詞・主語の倒置形，「est-ce que」形式，口語形式を織り交ぜる必要があります.

- « quel est », « quelle est », « quels sont », « quelles sont » という質問には一つの形式しかありません.

    【例】Quel est ton nom ?　　　　　　君の名前は？

    　　　Quelle est votre adresse ?　　　あなたの住所を教えてください.

10)ᵈ 疑問形：est-ce que / qu'est-ce que

- 2 種類の質問のタイプがあります. ❶ Oui-Non で答える質問，❷ 答えがいくつも考えられる質問

    【例】❶ Est-ce que vous prenez le dessert ?　　　　　デザートを頼みますか？

    【例】❷ Qu'est-ce que vous prenez comme dessert ?　デザートは何にしますか？

11) 基本の疑問代名詞：qui（誰？）, que（何？）

- « qui » は「誰」を表す疑問代名詞です.

主語	直接補語	間接補語・状況補語	属詞
誰が	誰を	誰に（と）*etc.*	誰（で）
Qui ?	Qui ?	前置詞 + qui ?	Qui ?

    【例】Qui a mangé le chocolat ?　　　　誰がチョコレートを食べたのですか？

    　　　Qui cherchez-vous ?　　　　　　　あなたは誰を探しているのですか？

    　　　Avec qui allez-vous au cinéma ?　あなたは誰と映画館へ行くのですか？

    　　　Qui êtes-vous ?　　　　　　　　　あなたは誰ですか？

- « que » は「何」を表す疑問代名詞です.

主語	直接補語	間接補語・状況補語	属詞
何が	何を	何に（で）*etc.*	何（で）
Qu'est-ce qui ?	Que ?	前置詞 + quoi ?	Que ?

【例】Qu'est-ce qui ne va pas ?　　　　何がうまくいかないのですか？
　　　Que cherchez-vous ?　　　　　　あなたは何を探しているのですか？
　　　De quoi parle-t-il ?　　　　　　彼は何について話しているのですか？
　　　Que voulez-vous devenir ?　　　あなたは何になりたいのですか？

12) 疑問形容詞

- 疑問形容詞は名詞を修飾して「どんな〜」を表します.

【例】Quelle heure est-il maintenant ?　今何時ですか？

	男性	女性
単数	quel	quelle
複数	quels	quelles

12)b 基本の疑問副詞（où / quand / combien）

- 疑問副詞は,「場所」,「時」,「量」などをたずねる疑問詞です.

　　où（どこに, どこで, どこへ）　　quand（いつ）　　combien（どのくらい）

【例】Excusez-moi, Monsieur. Où sont les toilettes ? すみません. トイレはどこですか？
　　　Quand partez-vous en vacances ?　　　いつヴァカンスに出発しますか？
　　　Combien coûte cette salade ?　　　　このサラダはいくらですか？

13) 提示の表現：c'est, voilà ...

- c'est ...（これは〜です）voilà ...（ここに〜があります）は人や物を紹介したり, 指定したりするのに使われます.

【例】Cette femme, **c'est** ma mère.　　　この女性は, 私の母です.
　　　Les deux filles, **ce sont** mes élèves. これらの二人の女の子は私の生徒です.
　　　Voilà mon frère Pierre.　　　　これが私の兄のピエールです.

- 原則的に C'est の後には単数名詞, Ce sont の後には複数名詞が置かれますが,

会話では C'est ＋複数名詞もよく使われます.

【例】**C'est** qui ?　　　　　　　誰ですか？

　　— **C'est** mes parents.　　私の両親です.

- **C'est** の後には強勢形も置けますが，voilà の後には置けません.

【例】**À** qui le tour suivant ?　　次は誰の番ですか？

　　— **C'est** moi.　　　　　　私です.　← × ~~Voilà moi.~~

14) よく使われる不規則動詞：être, avoir, faire

直説法現在

	être *(to be)*	**avoir** *(to have)*	**faire** *(to do, make)*
je / j'	**suis**	**ai**	**fais**
tu	**es**	**as**	**fais**
il / elle	**est**	**a**	**fait**
nous	**sommes**	**avons**	**faisons**
vous	**êtes**	**avez**	**faites**
ils / elles	**sont**	**ont**	**font**

☆ 動詞 être は，フランス語の動詞の中で唯一，nous の活用が -ons で終わらない動詞です.
☆ 動詞 être, faire, dire は vous の活用が -ez で終わらない動詞です.

14)ᵇ « de » を介した名詞の補語 — 所属

- 「名詞の補語」は，名詞の意味を特定または修飾する単語または単語のグループです.　前置詞 de を介して，所属の意味になります.

【例】la guitare de Pierre　ピエールのギター / la maison de mon oncle　私の伯父の家

A2レベル

14)ᶜ よく使われる不規則動詞：venir, aller, savoir, voir, prendre

直説法現在

	venir *(to come)*	**aller** *(to go)*	**savoir** *(to know)*	**voir** *(to see)*	**prendre** *(to take)*
je	**viens**	**vais**	**sais**	**vois**	**prends**
tu	**viens**	**vas**	**sais**	**vois**	**prends**
il / elle	**vient**	**va**	**sait**	**voit**	**prend**
nous	**venons**	**allons**	**savons**	**voyons**	**prenons**
vous	**venez**	**allez**	**savez**	**voyez**	**prenez**
ils / elles	**viennent**	**vont**	**savent**	**voient**	**prennent**

A2レベル

14)d Il faut / il ne faut pas ＋不定形

- 非人称構文の il faut ＋不定形（〜しなければならない），il ne faut pas ＋不定形（〜してはいけない）は頻出表現です．faut は動詞 falloir の 3 人称単数の活用です．

  【例】Il faut prendre de l'essence. Est-ce qu'il y a une station-service sur le chemin de l'aéroport ?

    ガソリンを入れなくちゃ．空港へ行くまでにガソリンスタンドはある？

  Il ne faut pas (jamais) remettre au lendemain ce qu'on peut faire le jour même.

    その日にできることを（けっして）翌日に延ばしてはなりません．

15) 所有形容詞と所有代名詞

所有形容詞

	私の (my)	君の (your)	彼の / 彼女の / その (his / her / its)	私達の (our)	あなたの （あなた達の・ 君達の） (your)	彼らの （彼女達の・ それらの） (their)
男性	mon	ton	son	notre	votre	leur
女性	ma (mon)	ta (ton)	sa (son)	notre	votre	leur
複数	mes	tes	ses	nos	vos	leurs

- 女性名詞が母音または無音の h で始まる場合は，mon, ton, son を使います．

  【例】une amie（女友達）→ mon amie.　× ma amie

- 所有形容詞は，体の部位を指定するためには使われません．

  【例】J'ai mal à la tête.　× ma tête

所有代名詞

	私のそれ (mine)	君のそれ (yours)	彼(彼女)のそれ (his / hers / its)
男性・単数	le mien	le tien	le sien
女性・単数	la mienne	la tienne	la sienne
男性・複数	les miens	les tiens	les siens
女性・複数	les miennes	les tiennes	les siennes

	私達のそれ (mine)	あなた（あなた達・君達） のそれ (yours)	彼ら（彼女達）のそれ (his / hers / its)
男性・単数	le nôtre	le vôtre	le leur
女性・単数	la nôtre	la vôtre	la leur
男性・複数 女性・複数	les nôtres	les vôtres	les leurs

16) 部分冠詞（du, de la …）

	単数	複数
男性	du	des
女性	de la	

- 部分冠詞は，数えられない量を指定するために使われます．

  【例】Je bois du café. / Je bois de la bière. / Je bois de l'eau.

16)ᵇ 基本の副詞（un peu / beaucoup）
16)ᶜ 量の表現（いくつかの副詞，冠詞）
16)ᵈ 決まった量（un peu de … / beaucoup de …）

- 副詞は，出来事や体験などについて感想を述べるのに使われます．副詞によって，文章の意味を明確にしたり，修正したりすることができます．副詞にはいくつかの種類があります．

  〈量の副詞〉　量の副詞は，ある要素の量や質について自分の考えを述べたり，2つの物を比べたりするのに使われます．trop, peu, assez, beaucoup, plus, moins, autant, tout, très などがあります．

  【例】J'ai beaucoup travaillé cette semaine, plus que la semaine dernière.
  　　　今週はたくさん仕事をしました．先週よりも働きました．

  〈場所の副詞〉　話者を空間内に位置づけ，ある場所やある物の地理的状況を示します．例えば，devant, derrière, dehors, dessus, dessous, ici, là, avant などです．

  【例】Pouvez-vous prendre la deuxième rue à droite, avant la banque ?
  　　　銀行の手前，2つ目の通りを右に曲がってもらえますか？

  〈時の副詞〉　話者の発言を時間の中に位置づけ，期間や頻度を表現するのに使われます．avant, après, hier, aujourd'hui, demain, ensuite, puis, longtemps, maintenant, parfois, souvent, jamais, tôt, tard などがあります．

【例】Avant, je préférais la ville à la campagne.

> 以前は，田舎より都会の方が好きでした.

Ah, c'est le restaurant italien très connu dans le Quartier latin. Je n'y suis jamais allée.

> ああ，それはカルチエ・ラタンのすごく有名なイタリア料理レストランね. 一度も行ったことがないわ.

〈様態の副詞〉 様態の副詞は，何かについての印象を述べたり，2 つのものを比較したりするのに使われます. bien, mal, ainsi, mieux, pire, comme, comment, très, vite や lentement のような « -ment » で終わる全ての副詞などがあります.

【例】Le bleu te va mieux que le rouge.

> あなたには赤より青の方が似合うわよ.

〈肯定・否定の副詞〉 話者の同意や不同意を表すのに使われます. Oui, non, peut-être, si, vraiment などがあります. → 40) 参照

副詞 « tout » を除いて，副詞は常に不変化です.

A2レベル

17) 近未来：aller ＋不定詞「（今から）〜するところだ」時間的に近い出来事／ある程度遠い未来

- 近未来形のつくり方

【動詞 aller の現在形＋動詞の不定形】

【例】Je vais aller à la banque cet après-midi.

> 私は今日の午後，銀行に行きます.（aller の活用は→ 14)ᶜ 参照）

- 近未来形の使い方

近未来形は，近い将来に起こるであろう行動を表現するために使われます.

【例】Je vais apporter une bouteille de vin ce soir.

> 今夜，ワインを 1 本持って行きます.

La semaine prochaine, on va voir un match de foot.

> 来週，私たちはサッカーの試合を見に行きます.

「近未来形」は実現しそうな計画について話すときにも使われます.

【例】L'année prochaine, nous allons voyager aux États-Unis.

> 私たちは来年アメリカを旅する予定です.

A2レベル

17)ᵇ 近過去：venir de ＋不定詞「〜したところだ」

- 近過去「〜したところだ」は次のような構造です.
  【動詞 venir の現在形 ＋ de ＋ 動詞の不定形】

  【例】Je viens juste de rentrer du travail.
  　　　ちょうど今仕事から帰ってきたところです.

◇「複合過去」と「近過去」の使い分け.

・「複合過去」は, 一度きりの出来事を語るために使われます.

　【例】J'ai vu Lina dans la rue.
　　　　通りでリナを見かけました.

・「複合過去」は, 期間が明確な場合にも使われます.

　【例】Je suis née en 1999.
　　　　私は 1999 年に生まれました.

　J'ai travaillé à la bibliothèque pendant 2 heures. /
　J'ai travaillé à la bibliothèque de 14h à 16h.
　　　私は図書館で 2 時間勉強しました. ／
　　　私は図書館で午後 2 時から午後 4 時まで勉強しました.

・「近過去」は, 今話している時間の直前に起こった出来事や行動について語るために使われます. 主に会話で使用されます.

　【例】Je viens de téléphoner à Hugo.
　　　　私はたった今ユゴーに電話したところです.
　　　→ 次のような文章は誤りです. ~~Hier, je viens de téléphoner à Hugo.~~

---

18) よく使われる代名動詞：s'appeler（〜という名前だ）, se lever（起きる）, s'habiller（服を着る）, se rencontrer（出会う）

直説法現在

je	m'appelle	me lève	m'habille	me rencontre
tu	t'appelles	te lèves	t'habilles	te rencontres
il / elle	s'appelle	se lève	s'habille	se rencontre
nous	nous appelons	nous levons	nous habillons	nous rencontrons
vous	vous appelez	vous levez	vous habillez	vous rencontrez
ils / elles	s'appellent	se lèvent	s'habillent	se rencontrent

18)ᵇ 代名動詞

- 再帰的代名動詞 (se lever, s'habiller …) は，主語が自分自身に対して行う動作を表します．

  【例】Je me lave les mains.　　　　　私は自分の手を洗います．

- 相互的代名動詞 (se rencontrer, se regarder …) は，動作の各主体が行う動作と受け取る動作の両方を表現します．「お互いに〜する」という意味になります．

  【例】Ils se regardent l'un l'autre.　　　彼らはお互いに見つめ合います．

19) 直接目的補語 COD と間接目的補語 COI（間接（他）動詞）（ex : parler / téléphoner / demander … à 人）

- 人称代名詞 COD と COI
  COD（complément d'objet direct 直接目的語補語）代名詞, COI（complément d'objet indirect 間接目的語補語）代名詞は，文の一部を置き換え，繰り返しを避けるために使われます．

	直接目的語	間接目的語
1人称単数	me (m')	
2人称単数	te (t')	
3人称単数	le / la	lui
1人称複数	nous	
2人称複数	vous	
3人称複数	les	leur

【例】Il me téléphone tous les matins.　　彼は毎朝私に電話をかけてきます．
　　　Je vous invite à mon anniversaire.　私の誕生日会にあなたをご招待します．

- COD 代名詞
  COD は前置詞なしで動詞とつながります．目的語，すなわち動詞の後の要素は，物や人を指します．

【例】Je vois le bus.　→ Je le vois.（男性単数）
　　　バスが見えます．／それが見えます．

　　　Je salue Marie.　→ Je la salue.（女性単数）
　　　マリーに挨拶します．／彼女に挨拶します．

Je mange le gâteau et la pomme. Je les mange. （複数）
ケーキとリンゴを食べます．／それらを食べます．

〈注意〉saluer（〜に挨拶する）は日本語では「〜に」となりますが，フランス語では
直接目的語をとります．同じタイプの動詞に voir（（人）に会う）があります．

代名詞は動詞の前に置かれます．

【例】Je le vois souvent le lundi matin.　　私は月曜日の朝，よく彼に会います．

否定では，ne と動詞の間に置かれます．

【例】Tu ne l'aimes pas beaucoup.　　　　あなたは彼女があまり好きではないのですね．

- COI 代名詞
  COI 代名詞は，動詞の後に前置詞が続きます．

  【例】Je parle à Maxime.　　　　　→ Je lui parle. （単数）
  　　　私はマクシムに話しています．／私は彼に話しています．

  　　　Tu téléphones à Adèle.　　　→ Tu lui téléphones. （単数）
  　　　君はアデールに電話をかけています．／君は彼女に電話をかけています．

  　　　Vous écrivez à vos parents.　→ Vous leur écrivez. （複数）
  　　　あなたは両親に手紙を書きます．／あなたは彼らに手紙を書きます．

20) 指示代名詞

- 指示代名詞には ce と celui があります．cela の口語表現 ça は日常生活でよく使われます．
- 指示代名詞 celui は前出の名詞に応じて変化します．

指示代名詞 ce

	これ	それ
無強勢形	ce (c')	
強勢形	ceci	cela (ça)

指示代名詞 celui

	男性	女性
単数	celui	celle
複数	ceux	celles

21) 動詞＋不定形

- 様態を表す動詞 vouloir（〜を欲する），pouvoir（〜できる），devoir（〜しなければならない）は，3 つの語幹を持ち，後ろに置かれる動詞は常に不定形です.

直説法現在

	vouloir *(to want)*	pouvoir *(to be able)*	devoir *(to have to)*
je	**veux**	**peux**	**dois**
tu	**veux**	**peux**	**dois**
il / elle	**veut**	**peut**	**doit**
nous	**voulons**	**pouvons**	**devons**
vous	**voulez**	**pouvez**	**devez**
ils / elles	**veulent**	**peuvent**	**doivent**

22) 肯定命令：いくつかの -er 動詞

- 命令法は，動詞の直説法現在形（tu, nous, vous）から主語を省いた形です.

不定法	直説法現在	命令法
	tu chantes	Chante.（歌いなさい.）
chanter（歌う）	nous chantons	Chantons.（歌いましょう.）
	vous chantez	Chantez.（歌ってください.）

- tu の命令法に語末の s がないことに注意しましょう.

22)ᵇ 肯定命令と否定命令：指示，指令

- 否定命令は，命令法の動詞を ne ... pas ではさんでつくります. 動詞が母音で始まる場合はエリジオンします（Ne → N'）.

【例】Ne parle pas !　　　　話さないで！

　　　N'oublie pas ton sac !　かばんを忘れないで！

22)ᶜ 肯定命令：動詞 venir, aller　指示

- 頻出の動詞 venir と aller の命令法は頻出です.

【例】Venez avec moi.

　　　一緒に来てください.

　　　Allez tout droit, puis tournez à droite au fond du couloir.

　　　まっすぐ行ってください. それから，廊下の突き当たりを右に曲がってください.

23) 談話（発話）をつなぐ基本語 et, ou, alors

- « et », « ou », « alors » は，いくつかの文章を論理的につなぐ基本語です．« et » の主な機能は「並列・添加」で，最も頻度の高い接続詞です．文章だけでなく単語(名詞，代名詞，形容詞，動詞，副詞)も「並列・添加」の意味でつなぐことができます．« ou » の主な機能は「2つ以上の要素からの選択」です．« et » と同様，文章から単語レベルまでつなぐことができます．« ou » は命令文の後では「さもないと」の意味になります．副詞 « alors » は接続詞的に「それゆえ，だから」の意味で使われます．

  【例】Merci de venir chercher votre voiture, et nous retourner la voiture que nous vous avons prêtée.
    お車のお引き取りと，お貸ししている車のご返却をお願いします．

  Elle passe son temps à regarder des films ou à écouter de la musique.
    彼女は映画を観たり，音楽を聴いたりして余暇を過ごします．

  Dépêche-toi, ou tu seras en retard.
    急ぎなさい．さもないと，遅刻するよ．

  La facture d'électricité devient alors astronomique.
    そしていつも天文学的に高い電気代という結果になる．

A2レベル

23)b シンプルな論理をつなぐ言葉 mais / parce que

- 論理の接続詞や関係の標識(2つの文，または文中の2要素の間の関係を示す言葉)によって，発話の各段階を示すことができます．

〈列挙〉：d'abord, après, ensuite, enfin

  【例】D'abord, je suis rentrée chez moi. Après, j'ai pris une douche. Ensuite, j'ai dîné. Enfin, je me suis couchée.
    まず，帰宅しました．それから，シャワーを浴びました．その後，夕食をとりました．そして，ようやくベッドに入りました．

〈対立〉：mais

  【例】J'accepte votre invitation, mais j'arriverai chez vous à 21h.
    お誘いをお受けしますが，（少し遅れて）午後9時にお宅に伺います．

〈理由〉：parce que, car

  【例】J'utilise le portable, car je dois communiquer avec mes amis.
    私は友達と連絡を取り合う必要があるので携帯を使っています．

〈付加〉：et, alors

  【例】Appelle-moi ! Alors nous pourrons organiser la fête.
    私に電話してください．そうすれば，一緒にパーティーの準備ができます．

24) （国籍の）形容詞の一致

- 一般に，国籍の形容詞を女性形にする場合は，男性形の形容詞に -e をつけます．男性名詞が -ien, -éen で終わる形容詞の場合，女性名詞は n が重なります．男性名詞が -e で終わる形容詞は，男女同形です．

	男性形	女性形	
-ais	français	française	フランス人の
	japonais	japonaise	日本人の
	anglais	anglaise	イギリス人の
-ois	chinois	chinoise	中国人の
-ain	mexicain	mexicaine	メキシコ人の
他の子音	allemand	allemande	ドイツ人の
-ien	italien	italienne	イタリア人の
-éen	coréen	coréenne	韓国人の，朝鮮人の
-e	belge	belge	ベルギー人の
	suisse	suisse	スイス人の
	russe	russe	ロシア人の
例外	grec	grecque	ギリシア人の
	turc	turque	トルコ人の

24)ᵇ 形容詞の位置 un petit chien, une grande ville, de jolies fleurs

- ほとんどの付加形容詞（名詞を直接修飾する形容詞）は，普通，修飾する名詞の後ろに置かれます．ただし，日常よく使われ，比較的短い綴りの形容詞は，名詞の前に置かれます．

〈名詞の前に置かれる主な形容詞〉

petit（小さい）　　grand（大きい）　　bon（良い）　　　mauvais（悪い）
jeune（若い）　　vieux（年をとった）　beau（美しい）

　　ただし，上記の形容詞も，その前に長い副詞がある場合は，名詞の後ろに置かれます．

【例】une très belle femme 　　　　　　　とても美しい女の人
　　　→ une femme particulièrement belle 　特に美しい女の人

- 付加形容詞の複数形が名詞の前に置かれる場合，不定冠詞 des は de に変わります．

【例】des fleurs → de jolies fleurs　きれいな花（複数）

- 形容詞 "beau", "vieux", "nouveau" は，母音で始まる男性名詞の前では，"bel",

"vieil", "nouvel" となります.

【例】un beau garçon　　　　→　un bel immeuble

un vieux chien　　　　　→　un vieil homme

un nouveau logement　→　un nouvel appartement

- 形容詞の中には，名詞の前にも後ろにも置くことができるものがあり，位置によって意味が変わります.

【例】cher : cher ami（親愛なる友）/ un livre cher（高価な本）

dernier : la dernière semaine（月の最終週）/ la semaine dernière（先週）

grand : un grand homme（偉大な男の人）/ un homme grand（背が高い男の人）

propre : ma propre chambre（私自身の部屋）/

ma chambre propre（私の清潔な部屋）

25) 基本的な形容詞

- p.20 参照.

26) 時期の表現：前置詞＋年・月・日・季節

- en 2023　2023年に / dans les années 90　90年代に
Il est né le 28 juin 1969.　彼は1969年6月28日に生まれました.

- en juillet　7月に / au mois d'août　8月に

- au 4 mai　5月4日に

- au printemps　春に / en été　夏に / en automne　秋に / en hiver　冬に

27) 時間の位置づけ：重要な副詞（aujourd'hui, maintenant, demain ...）（出来事を時間の中で位置づける）

【例】Tout d'abord, pouvez-vous me rappeler le plus vite possible aujourd'hui pour trouver ensemble une solution ?

まずは，一緒に解決策を探すために，今日のうちになるべく早く電話をかけてもらえませんか？

【例】Je vais maintenant vous amener dans une rue historique du 18e siècle.

これから皆さんを18世紀の歴史的な街路にお連れします.

【例】Pouvez-vous nous rappeler demain ? Le numéro de téléphone est le 06 48 34 43 54.

明日，折り返し電話をいただけますか．電話番号は06 48 34 43 54です.

28) 空間の位置づけ：en / au ＋ pays ; à ＋ ville

- 「(国名) で／に」を表したい場合，国名の前に « en », « au », « aux » を置きます．国名が女性名詞の場合 « en »，男性名詞で子音で始まる場合は « au »，男性名詞で母音で始まる場合は « en »，複数形の場合は « aux » を使います．

  【例】en France / au Japon / en Irak / aux Pays-Bas　オランダで（に）

- 都市名の前には « à » を置きます．

  【例】à Paris / à Tokyo

- il y a 〜「〜があります」は頻出表現です．

  【例】Il y a une poste près d'ici.
  　　　近くに郵便局があります．

  　　　Est-ce qu'il y a une station-service sur le chemin de l'aéroport ?
  　　　空港へ行くまでにガソリンスタンドはある？

28)ᵇ 空間の位置づけ

- 「venir de（国名）」：原則として，国名が男性名詞の場合，「venir du 国名」，女性名詞の場合，「venir de（無冠詞）国名」，複数名詞の場合「venir des 国名」となります．

  【例】Je viens du Maroc.　　　私はモロッコから来ました．
  　　　Je viens de Chine.　　　私は中国から来ました．
  　　　Je viens des États-Unis.　私はアメリカから来ました．

- 「aller à（国名）」：原則として，国名が男性名詞の場合，「aller au 国名」，女性名詞あるいは母音で始まる男性名詞の場合，「aller en 国名」，複数名詞の場合「aller aux 国名」となります．

  【例】Je vais au Canada.　　　私はカナダへ行きます．
  　　　Je vais en France.　　　私はフランスへ行きます．
  　　　Je vais en Iraq.　　　　私はイラクへ行きます．
  　　　Je vaix aux Pays-Bas.　私はオランダへ行きます．

29) 非人称の il：天気予報の « il »

- p.26 参照．

30) 動詞 comprendre（je / vous）

- 口頭表現のために，動詞 comprendre（理解する）の je / vous の活用はおさえておきましょう.

  je comprends　vous comprenez　compris（過去分詞）

  【例】Si je comprends bien, vous me dites que …
  　　　私の理解が正しければ，あなたは…とおっしゃるわけですね.

  　　　J'ai compris que …　Est-ce bien cela ?
  　　　私は…だと理解しました. これでよろしいですか？

31) 複合過去形（過去分詞）：過去における出来事

- A2 レベルでは，複合過去で過去の単発の出来事を，近過去で直近の出来事を説明できなくてはなりません.

- 複合過去のつくり方

  【主語＋ avoir または être ＋過去分詞 (participe passé)】

  直説法現在

  　　　donner の複合過去形（与えた）

J'ai	donné	nous avons	donné
tu as	donné	vous avez	donné
il a	donné	ils ont	donné

  【例】J'ai vu ma mère hier.　　　　昨日，母に会いました.

  　　　Je suis sorti avec mes amis.　友達と出かけました.

◇〈複合過去形 être〉

　複合過去形のほとんどは，avoir を用い，être で活用する動詞は以下の 15 個の動詞と，その派生動詞です.

aller	↔ venir	rentrer
arriver	↔ partir	passer
naître	↔ mourir	rester
monter	↔ descendre	tomber
entrer	↔ sortir	retourner

・これらの動詞の派生動詞（retourner を除く）も être で活用します.

　　【例】Je suis devenu ← Je suis venu → Je suis revenu

- 代名動詞（se laver, s'appeler など）も être で活用します.

  【例】 **Je me suis amusé** à l'anniversaire de Paul.
  　　　ポールの誕生日パーティーは楽しかったです.

- être で複合過去形をつくる場合，過去分詞は性数を一致させます.

  【例】女性形： Elle est all**é**e à Nantes.
  　　　　　　　彼女はナントへ行きました.

  　　　複数形： Ils sont all**é**s à Nantes. / Elles sont all**é**es à Nantes.
  　　　　　　　彼らはナントへ行きました.／彼女たちはナントへ行きました.

◇〈複合過去形 avoir〉

- 上記の動詞以外は全て avoir で活用します.

  【例】 Ce matin, **j'ai fait** mes courses.
  　　　今朝，私は買い物をしました.

- avoir で活用する動詞の場合,過去分詞の性数を一致させる必要はありません.

  【例】 Il / Elle a adoré ce film. 　　　彼 (彼女) はその映画を愛していました.

  　　　Ils / Elles ont adoré ce film. 　彼ら (彼女ら) はその映画を愛していました.

A2レベル

31)ᵇ 過去分詞

- 一般に，過去分詞は次のようにつくります.

  er 動詞 　　　　　　　　→ -é (mang**er** : j'ai mangé)
  ir 動詞 　　　　　　　　→ -i (fin**ir** : j'ai fini)
  re または oir で終わる動詞 → -u (disparaî**tre** : il a disparu / v**oir** : Nous avons vu)

  　　もちろん上記の規則に当てはまらない動詞もあります. 下記は，よく使われる動詞の中で，過去分詞が不規則の形をもつ代表的なものです.

  avoir : eu 　　　faire : 　fait 　　　naître : né
  être : 　été 　　devoir : dû 　　　vivre : 　vécu

32) 条件法現在：丁寧な表現 « je voudrais … »

- 条件法現在は，独立節で，語調を緩和する機能があります. この「丁寧さの条件法」が使われる主な動詞は，avoir, être, vouloir, pouvoir, souhaiter などです. なかでも，動詞 vouloir の条件法現在 を用いた「je voudrais ＋不定形」は丁寧な依頼の表現で,例えば買い物をする際によく使われます. 口頭表現のパート（特

にロールプレイング）で必要になるでしょう.

【例】Bonjour Monsieur, je voudrais cinq timbres pour le Japon.
すみません. 日本までの切手を 5 枚欲しいんですが.

Je voudrais aussi un fer à repasser.
アイロンも欲しいんですが.

Bonjour. Je voudrais un grand bouquet de fleurs, s'il vous plaît.
こんにちは. 大きな花束が欲しいんですが.

A2レベル

32)ᵇ 条件法現在：丁寧な表現，提案（on pourrait ＋不定形）

- 動詞 vouloir と同様，動詞 pouvoir も「丁寧さの条件法」のニュアンスで使われることがあります. on pourrait ＋不定形は丁寧に提案をする際に使われます.

【例】On pourrait se rencontrer pour discuter du projet de vive voix.
直接お会いしてその計画について打ち合わせをしたいのですが.

Pourrait-on se voir la semaine prochaine ?
来週お会いできますか？

A2レベル

33) シンプルな関係代名詞（qui, que）

- 関係代名詞の « qui » と « que » は，2 つの文をつなぎ，単語や単語のまとまりの繰り返しを避けるために使われます.

- 代名詞 « qui »
  « qui » は主語を指す関係代名詞で，人，動物，物に置き換わります.

【例】— Tu vois l'homme **qui** est assis sur le banc ?
— ベンチに座っている男の人が見える？

— C'est M. Richard, mon directeur.
— あれが部長のリシャールさんだよ.

上記の例文では，« qui » が，動詞 « être (assis) » の主語 « l'homme » に置き換わっています.

- 代名詞 « que »
  « que » は補語 (COD) に換わる関係代名詞です. 人, 動物, 物に置き換わります.

【例】L'homme que tu as vu n'est pas ton directeur.
あなたが会った人は，あなたの部長ではありません.
＝あなたは人に会いました. その人はあなたの部長ではありません.

→ « que » が動詞 « voir » の COD である « l'homme » に置き換わっています.

34) 単純未来：予測，将来の計画

- A2 レベルでは，近未来や単純未来時制を使って，例えば自分の計画について話すことができなくてはなりません.

単純未来形のつくり方
【動詞の不定形＋未来形の語尾】

Manger		-ai
Finir	+	-as
Attendre		-a
		-ons
		-ez
		-ont

	travailler *(to work)*	finir *(to finish)*
je	travaillerai	finirai
tu	travailleras	finiras
il / elle	travaillera	finira
nous	travaillerons	finirons
vous	travaillerez	finirez
ils / elles	travailleront	finiront

　　もちろん，例外はあります（例えば courir → courrai 等です）. 他にも

- « -yer » で終わる動詞：« y » が « i » になります.

　　【例】　　nettoyer（掃除をする）→ je **nettoierai**

　　【例外】　envoyer（送る）　　　 → j'**enverrai**

- « -eler » や et « -eter » で終わる動詞は，最後の子音 « l » や « t » が重なります.

　　【例】　　jeter（投げる）　　 → je **jetterai**.

　　【例外】　acheter（買う）　　 → j'**achèterai**.

　　下記は，未来時制が不規則の形をもつ代表的な動詞です.

avoir :	j'**aur**ai	être :	je **ser**ai	faire :	je **fer**ai
devoir :	je **devr**ai	pouvoir :	je **pourr**ai	vouloir :	je **voudr**ai
aller :	j'**ir**ai				

〈それぞれの時制の使い分け〉

- 「近未来」が表すのは，
  - → 〈近い将来起こるであろう行動〉

【例】Je vais prendre mon train dans une demi-heure.
   あと30分で電車に乗ります.

   Le ciel commence à se couvrir. Il va pleuvoir.
   空が曇ってきた. 雨が降りそうだ.

→ 〈実現しそうな計画〉

【例】C'est décidé ! Je vais faire du yoga.
   よし, 決めた. ヨガを始めよう.

- 「単純未来」が表すのは,
  → 〈将来の行動, 計画, 予測〉

【例】Je rendrai visite à Joseph le mois prochain.
   来月, ジョゼフを訪ねに行きます.

   Nous irons en Corée du Sud l'été prochain.
   来年の夏に, 私たちは韓国へ行きます.

→ 〈従うべき命令・規則〉

【例】Quand vous arriverez, vous me téléphonerez.
   到着したら電話してください.

→ 〈条件付きの行動〉

【例】Si tu finis tôt, on pourra aller boire une bière ensemble.
   早く終わったら, 一緒にビールを飲みに行こうよ.

A2レベル

35) 半過去形：過去における描写（il était / il y avait / il faisait ...）

- 半過去形は直説法現在の一人称複数（= nous）の語幹がベースになります.

Nous dansons.

   その後ろに半過去の語尾を加えます.

Je	dansais	Nous	dansions
Tu	dansais	Vous	dansiez
Il / elle	dansait	Ils / elles	dansaient

   一つの例外は動詞 être のケースです. 語幹が ét- となりますが, 語尾は上記と同じです.

	J'étais	Nous	étions
Tu	étais	Vous	étiez
Il/elle	était	Ils / elles	étaient

	travailler *(to work)*	finir *(to finish)*	être *(to be)*	avoir *(to have)*	faire *(to do, make)*
je / j'	travaillais	finissais	étais	avais	faisais
tu	travaillais	finissais	étais	avais	faisais
il / elle	travaillait	finissait	était	avait	faisait
nous	travaillions	finissions	étions	avions	faisions
vous	travailliez	finissiez	étiez	aviez	faisiez
ils / elles	travaillaient	finissaient	étaient	avaient	faisaient

〈それぞれの時制の使い分け〉

- 「複合過去」は，一度きりの出来事を語るために使われます．

  【例】J'ai vu Lina dans la rue.
    通りでリナを見かけました．

- 「複合過去」は，期間が明確な場合に使われます．

  【例】Je suis née en 1999.
    私は 1999 年に生まれました．

  J'ai travaillé à la bibliothèque pendant 2 heures. / J'ai travaillé à la bibliothèque de 14h à 16h.
    私は図書館で 2 時間勉強しました．／私は図書館で午後 2 時から午後 4 時まで勉強しました．

- 「半過去」は過去の習慣を表します．

  【例】Tous les matins, je mangeais un croissant.
    毎朝，私はクロワッサンを食べていました．

- 「半過去」は描写にも使われます．

  【例】Olivia était gentille.
    オリヴィアは親切でした．

  Quand j'étais petite fille, nous habitions dans la banlieue de Paris.
    私が幼い頃，私たちはパリの郊外に住んでいました．

- 過去における話では，両方の時制を使うことができます．

  【例】Quand j'ai vu Lina dans la rue, il pleuvait.
    通りでリナを見かけたとき（＝一回限りの出来事），雨が降っていました（＝描写）.

A2レベル

35)ᵇ Si ＋半過去：提案

- Si ＋直説法半過去は，主節を省略した形で，「提案」や「願い」を表現することができます．

【例】Si on jouait au tennis ?

テニスをしようか.

Nicolas a une nouvelle voiture. Si j'avais une nouvelle voiture aussi !

ニコラは新しい車を買った. 僕も新しい車があればなあ！

36) 中性代名詞 en（部分を示す）— 量

- 代名詞《 en 》は数量にかかわる文脈で使われます（COD 代名詞).
- 代名詞《 en 》は部分冠詞 du, de la, de l' に続く名詞に置き換わります.

  【例】— Voulez-vous du thé ?　　　— お茶はいかがですか？

  　　　— Oui, j'en veux bien.　　　— はい.（それを）お願いします.

- 不定冠詞 un, une, des に続く名詞に置き換わります.

  【例】— Est-ce que vous avez un ordinateur portable ?

  　　　— あなたはノートパソコンを持っていますか？

  　　　— Oui, j'en ai un.　　　　　— はい.（1 台）持っています.

- 数量を表す表現（beaucoup de, plusieurs, aucun, assez de, une boîte de ...）に続く名詞に置き換わります.

  【例】— Est-ce que tu as lu beaucoup de romans de Saint-Exupéry ?

  　　　— サン＝テグジュペリの小説をたくさん読みましたか？

  　　　— Oui, j'en ai lu plusieurs / quelques-uns / trois ...

  　　　— はい. いくつか／いくつか／3 冊読みました.

- 《 avoir envie de ... 》,《 avoir besoin de ... 》,《 parler de 》などの表現の前置詞に続く名詞に置き換わります.

  【例】— Tu as envie de chocolat ?　　— チョコレートが食べたい？

  　　　— Oui, j'en ai envie !（→ avoir envie de chocolat）　— うん, 食べたい！

- 前置詞 de で導入される場所の補語に置き換わります.

  【例】Le patient est entré dans la salle d'examen à 13 heures et il en est sorti à 14 heures.

  　　　患者は午後 1 時に診察室に入り, 午後 2 時に退出しました.

36)ᵇ 中性代名詞 y — 場所

- 代名詞《 y 》は前置詞 à に続く名詞に置き換わります. 前置詞 à をとる動詞と共に使われます.

  【例】— Allez-vous assister à la réunion de demain ?

  　　　— 明日のミーティングに参加されますか？

— Oui, bien sûr, je vais y assister.
　　— はい，もちろんそうします．

● à, dans, en, sur, sous などで導入される場所の補語に置き換わります．

【例】— Depuis quand êtes-vous à Londres ?
　　　— ロンドンにはいつからいらしているんですか？

　　　— J'y suis depuis le mois d'août.
　　　— 8 月からです．

　　　— Depuis quand étudiez-vous dans cette université ?
　　　— この大学に入学して何年になりますか？

　　　— J'y étudie depuis 2 ans.
　　　— 2 年になります．

● y aller は日常会話でよく使われる言い回しで，「そこに行く」だけでなく，「出発する」「始める」などの意味になります．ちなみに aller の命令形は va ですが，「-y」が続く場合のみ vas となります．

【例】Le taxi est arrivé, on y va ?　　タクシーが来た．さあ出発しようか？
　　　Vas-y, on va en cours.　　　　　さあ，学校へ行こう．

A2レベル
37) 感嘆文（Quel ... !）

● 感嘆文は，疑問形容詞 12) の Que, Comme などを文頭に置いて作ります．疑問形容詞はかかる名詞によって形が変わります．

【例】Quel beau château !　　　　　　なんて美しいお城なんでしょう．
　　　Quelle horreur !　　　　　　　　なんて恐ろしい．
　　　Quels gentils enfants !　　　　　なんて親切な子供たちなんでしょう．
　　　Quelles belles danseuses !　　　なんて美しいダンサーたちだ．
　　　Que c'est beau !　　　　　　　　なんてきれいなんだろう．
　　　Comme tu es belle !　　　　　　君はなんて美しいんだ．

A2レベル
38) 不定形容詞（tout / toute / tous / toutes）

● 不定形容詞 tout（全ての〜）は，修飾する名詞の性数によって形が変わります．

男性単数	女性単数	男性複数	女性複数
tout	toute	tous	toutes

tout le monde　　　すべての人々，皆
toute la journée　　1 日中

【例】Tous les élèves ont un devoir à rédiger.

生徒全員に筆記の課題があります.

Le bus circule toutes les 20mn. Descendre à l'arrêt Cartoucherie.

路線バスは 20 分ごとに循環しています. 停留所《Cartoucherie》で降りてください.

39) « on » の 3 つの意味

- « on » には 3 つの意味があります.「私たち」(=nous),「一般人／不特定多数の人」, ならびに, 受け身で「誰か」(=quelqu'un) の 3 つです. 複数の意味でも, 3 人称単数で活用します.

【例】On part en vacances.　　　　　　　　　　私たちはヴァカンスに出発します.

On a raconté notre histoire.　　　　　　　私たちは自分たちの話を語りました.

Au Japon, on mange avec des baguettes. 日本では箸で食事をします.

On ne peut pas comparer Londres et Paris.

ロンドンとパリを比較することはできません.

On m'a volé mon portable.　　　　　　　　誰かが私のケータイを盗みました.

40) 否定疑問文への返事 si / non, moi aussi / moi non plus …

- 肯定疑問文には Oui, ＋肯定文 (はい, 〜です), Non, ＋否定文 (いいえ, 〜ではありません) と答えますが, 否定疑問文 (〜ないのですか) には Si, ＋肯定文 (いいえ, 〜です), Non, ＋否定文 (はい, 〜ではありません) と答えます.

【例】N'est-elle pas gentille ?　　　　— Si, elle est gentille.

彼女は親切ではないのですか.　　　　　— いいえ, 親切です.

— Non, elle n'est pas gentille.

— はい, 親切ではありません.

- 「私もそうです」と答える場合も, 質問の文章が肯定文か否定文かによって, 答え方が異なります. 肯定文に, 相手に肯定的に同意する場合は « Moi aussi », 否定文に否定的に同意する場合は « Moi non plus » を使います.

【例】Je vais prendre un café.　　　— Moi aussi.

僕はコーヒーにするよ.　　　　　　— 僕も.

Je déteste le mensonge.　　　　— Moi aussi.

僕は嘘が大嫌いだ.　　　　　　　　— 僕もだ.

Je n'ai pas encore faim.　　　　— Moi, non plus.

まだお腹が空いてないよ.　　　　　— 僕もだ.

Je n'aime pas le mensonge.　— Moi non plus.
僕は嘘が好きじゃない.　　　　—僕もだ.

A2レベル

41) 序数

- 基数（« nombres cardinaux », un, deux, trois …）は，量を表すのに使われます．序数（« nombres ordinaux », 1er, 2e, 3e … premier, deuxième, troisième …）は，位置やランクを表すのに使われます．基本的に，序数は基数に接尾辞 -ième を加えてつくります．ただし，4番目は quatre の e が脱落し，5番目は cinq の後に u が追加され，9番目は neuf が neuv となるなど例外があるので注意してください．

premier / première（1番目の）　deuxième（2番目の）　troisième（3番目の）
quatrième（4番目の）　cinquième（5番目の）　sixième（6番目の）
septième（7番目の）　huitième（8番目の）　neuvième（9番目の）
dixième（10番目の）

【例】Tournez dans la première rue à gauche.
最初の通りを左に曲がってください.

Pour aller au deuxième étage, c'est dans quelle direction ?
3階へは，どこから行けますか？

Bien sûr Monsieur, au cinquième étage, avec une belle vue sur la tour Eiffel ?
エッフェル塔がよく見える6階のお部屋はいかがですか.

- 1番目は基数の un に対応する premier と une に対応する première があります．日付を表すのに，1日のみ序数（premier），その他は基数が使われます．
【例】01/10/2023　→　Le premier octobre 2023
03/08/2023　→　Le trois août 2023

A2レベル

42) 決まった量（un kilo de / une bouteille de …）

un kilo de pommes（リンゴ1キログラム）
un litre d'huile（油1リットル）
une bouteille de vin（ワイン1瓶）
un paquet de bonbons（キャンディー1箱）
un morceau de fromage（チーズ1切れ）
une tranche de jambon（ハム1切れ）

【例】Bonjour. Donnez-moi un kilo de tomates, s'il vous plaît.
こんにちは. トマトを1キロください.

43) 比較：名詞／形容詞の比較級
43)ᵇ 量：比較 (moins de … que / autant de … que)

- **【名詞の比較】** 名詞を比較する場合, 3 つの比較級があります. 優等比較級「plus de ＋名詞＋ que」, 劣等比較級「moins de ＋名詞＋ que」, 同等比較級「autant de ＋名詞＋ que」です. 母音の前で « que » は « qu' » になります.

  【例】Rose a plus de patience que Louise.
  ローズはルイーズより忍耐力があります. →辛抱強いです.

  Rose a moins de patience que Louise.
  ローズはルイーズほど忍耐力がありません.

  Rose a autant de patience que Louise.
  ローズとルイーズは同じぐらい辛抱強いです.

- **【形容詞の比較】** 形容詞を比較する場合も 3 つの比較級があります. 優等比較級「plus ＋形容詞＋ que」, 劣等比較級「moins ＋形容詞＋ que」, 同等比較級「aussi ＋形容詞＋ que」です. 形容詞は主語と性・数を一致させます. 母音の前で « que » は « qu' » になります.

  【例】Alice est plus grande que Léa.
  アリスはレアより背が高いです.

  Alice est moins grande que Léa.
  アリスはレアより背が低いです.

  Alice est aussi grande que Léa.
  アリスはレアと背が同じぐらいです.

- **【特殊な比較級】** 形容詞 bon と副詞 bien の比較級は不規則な形です.

  ~~plus bon~~ → meilleur

  【例】Le chocolat noir est meilleur que le chocolat au lait.
  ダークチョコレートはミルクチョコレートよりもおいしいです.

  Cette pomme-ci est meilleure que celle-là.
  このリンゴはあのリンゴよりおいしいです.

  bien → mieux

  【例】Gabriel travaille mieux qu'Arthur.
  ガブリエルはアルテュールよりもよく勉強します.

44) 強度の副詞 (très, trop …)

- 強度（強弱）は副詞で表現します. 日常会話で最も頻繁に使われる強度の副詞は « très » です. 改まった文章では fort も使われます. 強度の副詞には, 他に

autant, peu, tant, si, beaucoup, bien, assez, presque, tellement などがあ
ります.

【例】Mon mari roule très vite.
　　　夫はとても速く運転します.

　　　L'Université de Sorbonne est très loin d'ici.
　　　ソルボンヌ大学はここからすごく遠いよ.

　　　Il fait très chaud aujourd'hui. On peut louer un parasol ?
　　　今日はとても暑いわ. パラソルをレンタルできないかしら?

　　　Ce produit est très performant.
　　　この製品は性能がとても良いです.

　　　Cette pièce de théâtre est fort rare.
　　　この演劇作品は非常に珍しいです.

- « trop » は,否定的な意味で使われる副詞で,基本的に「過剰」や「限界を超えていること」を示します. ある人にとって不快なことや,否定的なことを示し,« très » 以上の強さです. 名詞,動詞,形容詞,副詞などを修飾することができきます.

【例】J'ai trop de travail cette semaine !
　　　今週は仕事が多すぎる!

　　　Tu as trop mangé, tu vas avoir mal au ventre.
　　　食べ過ぎるとお腹が痛くなりますよ.

　　　J'ai acheté une jupe ici hier, mais elle est un peu trop grande pour moi.
　　　昨日ここでスカートを買ったんですけど,丈が長すぎたんです.

　　　Tu conduis trop vite.
　　　君はスピードを出しすぎる.

- 口語では肯定的な発言を強めるために使われることもあります.

【例】Ah, merci beaucoup ! Il ne fallait pas, c'est trop gentil !
　　　えー,ありがとう! (プレゼントしてくれなくも)良かったのに…,ありがとう[すごく親切ね]!

　　　Ce petit chat est trop mignon !
　　　この子猫,すごくかわいい!

A2レベル

45) 名詞の補語（à または de を介して）：用途，内容物

- 容器の名詞補語は,容器の用途を指す場合は « à »,内容物を指す場合は « de » で表現します.

【例】［用途］　un verre à vin（ワイングラス），une tasse à thé（ティーカップ），

　　　　　　　un plateau à fromages（チーズボード）

　　　［内容物］un verre de vin（ワインが入ったグラス，グラスワイン），

　　　　　　　une tasse de thé（紅茶が入ったカップ）

45)ᵇ 名詞の補語（en または de を介して）：材質

- 材料，材質は en または de を介して表現します．« de » は « en » よりもやや文学的です．

【例】une table en bois（木のテーブル）
　　　une robe en soie（絹のドレス）
　　　un sac en papier（紙袋）

フランスの紙幣と硬貨

20 centimes

50 centimes

1 euro

2 euros

【参考文献】
- Aude Chauvet, Isabelle, Normand, Sophie Erlich, Alliance Française, Référentiel de programmes pour l'Alliance Française élaboré à partir du cadre européen commun, A1-A2-B1-B2-C1-C2, CLE International, 2008.
- Martine Boyer-Dalat, Romain Chrétien, Nicolas Frappe, Le DELF 100% réussite A1, Les Éditions Didier (2022)
- Dorothée Dupleix, Chatherine Houssa, Marie Rabin, Le DELF 100% réussite A2, Les Éditions Didier (2021)
- David Clément-Rodríguez, ABC DELF – Niveau A1, CLE International, 2019.
- David Clément-Rodriguez, Amélie Lombardini, ABC DELF – Niveau A2, CLE International, 2018.
- Sue Purcell, Talk, French Grammar, BBC Active, 2014.
- 富盛伸夫『フランス語能力検定試験（DELF/DALF, TCF, DAPF）と日本におけるフランス語教育』，科学研究費補助金 基盤研究 B 研究プロジェクト報告書「EU および日本の高等教育における外国語教育政策と言語能力評価システムの総合的研究」，2012 年

著者略歴

小幡谷 友二（おばたや ゆうじ）

ジュネーヴ大学専任講師．学生時代に DELF/DALF 全レベルと仏検 1 級を取得．
早稲田大学第二文学部卒業，中央大学大学院博士後期課程単位取得満期退学，トゥールーズ・ル・ミラーユ大学で博士号取得．日本フランス語教育学会会員．

著書として『フランス語単語の力が本当につけられるのはこれだ！［基礎養成編］［応用編］』（駿河台出版社），訳書としてムスタファ・シェリフ『イスラームと西洋』（駿河台出版社），レオン・ポリアコフ『反ユダヤ主義の歴史・第四巻・第五巻』（筑摩書房）など．

DELF 傾向と対策　A1

[音声無料ダウンロード]

2023 年 7 月 12 日　初版1刷発行

著者	小幡谷　友二
ナレーション	Macha Spoehrie
	Pauline Décaillet
	Julien RICHARD- 木口
DTP	ユーピー工芸
印刷・製本	株式会社 丸井工文社
音声制作	株式会社 中録新社
発行	株式会社 駿河台出版社
	〒 101-0062 東京都千代田区神田駿河台 3-7
	TEL 03-3291-1676 / FAX 03-3291-1675
	http://www.e-surugadai.com
発行人	井田 洋二